ホンモノの日本語

金田一春彦

角川文庫
19935

もくじ

第3章 言葉の知識を増やす

第1章

知っておきたい日本語の特徴

最初に日本語の魅力についてお話ししたい。なぜかと言うと、みなさんは日本語で話せることを、カタカナで話す傾向が非常に強い。「お店」といういい言葉があるにもかかわらず、「ストア」と言ったりしている。あるいは私だったら「注文する」「あつらえる」と言うところを「オーダーする」と言ったりする。

確かに日本人はそんなふうに言葉を使い分けることで、生活を豊かに楽しくしているということは言える。私の家内が近所の八百屋に行くとき、「八百屋のストアに大根をショッピングに行く」とは言わない。「ストア」とか「ショッピング」というのは、もっと高級な店に行くときに使う。日本人はそんなふうにして、言葉を使い分けて楽しんでいる。そういう意味では悪いことではないと思うけれど、カタカナの言葉を、高級な意味の方に使うというのは残念である。

なぜそうなるかと言うと、日本人はどうも昔から日本のものより、外国のものの方が一段上だと思っている。また英語の方が日本語より高級で進んだ言葉だと思っている。それが影響しているのではないか。

私から見ると、日本語はすばらしい言語だと思う。英語にけっしてひけを取るものではない。なぜ英語の方が高尚だという印象があるのか考えてみると、例えば中学校の英語の時間で、先生がこれから教える外国の言葉は非常に進化した言葉だ、と生徒に教える。その影響が残っているのかもしれない。確かにわれわれが感心させられることもある。「コップがある」と日本語で言うと、コップが一つでも二つでも区別がない。その点英語は厳密で、一つのコップなら glass、二つ以上あれば glasses と言う。これを私が初めて知ったときは、偉いものだと思った。

しかし日本語でもそういう区別をちゃんとしている。ある意味では英語以上に厳密にやっているところもある。例えば私の相手をしてくれる人が一人のときは「あなたは」と言う。でも二人以上になると何と言うだろう。「あなた」とは言わずに「あなたがた」と言っている。英語ではどうか。「あなた」は you、そして「あなたがた」も you である。区別がない。日本語の方が進んでいる、と言ったらおかしいだろうか。もう一つ例を挙げれば「彼女」という言い方がある。日本人は彼女が二人以上いれば「彼女たち」と言う。しかし英語では shes とは言わない。「彼女」は複数にならないのだ。私たち日本人にとっては、コップが一つでも二つでも大して違いはない。私の話し相手や彼女が一人であるか、二人以上であるかの方がよほど大切ということである。日本人はちゃんと区別するべきところは区別する方法を持っているのだ。

よく聞く話だが、英語で「現在の大統領は何代目か」という質問はできないという。「何代目」という言葉がないからである。アメリカ人がそういうときに何と言うかというと、「リンカーンは一六代目の大統領である。それではいまの大統領はいかが」。こう聞かないと何代目という言葉が出てこないと言う。

「何代目」とか「何曜日」とか、日本語には英語では言えない言葉がたくさんある。こうした日本語の非常にすばらしい点で、私がいままでに気がついたところをお伝えしてみたい。多分読者のみなさんも日本語が大好きなはずだ。でももっと日本語が好きになっていただくために、日本語の魅力について述べたいと思う。

日本語について、私たち言葉の研究をやっているものには、発音がどうなっているのか、文字の使い方はどうなっているのか、文法がどうなっているのか、単語の構成はどうなっているのか、分類して考える研究法が一般的である。したがってここでもそのように分けて説明していこう。

性格——日本人は語学の天才

初めに、日本語全体から見た日本語の性格について触れたい。日本語というのは非常に複雑な言語であるということだ。

グロータースさんというフランス人の神父が私の知人にいた。この方が「日本人は語学の天才ですね」とおっしゃる。「そんなことはない。日本人は語学がへたで、私なんか中学以来英語の勉強をしているけど、いまでもろくに英語をしゃべることができません」と言ったところ、「それはちょっと違います。日本人はいろいろな人と、違った言葉で話すでしょう。ヨーロッパ人だったら、三カ国語くらいの言葉を使い分けているのと同じです」と言うのである。

言われてみると、例えば九州出身の人が東京に出てきて、郷里にいる弟と電話で話すとする。「そぎゃんことばしえん方がよかたい」などと言う。ところがその人が東京で親しくなった友達と話すときは「そんな馬鹿なことをする奴があるもんか」と言い方を変える。全然違う。その人が会社に勤めていて、上役の社長などに話す場合はどうなるか。「さようなことはなさらない方がよろしいのではないでしょうか」。この言い方の違いは大変大きい。

アメリカ人がこんなふうに言い方を変えることはまずできない。スウェーデンの言葉とノルウェーの言葉は違うが、スウェーデン語でしゃべってもノルウェー人に通じるという。日本語に置き換えると、関東弁と名古屋弁くらいの違いしかないらしい。ところが日本人はそのように複雑に言い方を使い分けている。日本語は方言の違いが非常に大きい。また女性語というのがあって、男性と女性では違った言葉を話す。「そんなこと知りませんわ」なんて言う。グロータースさんから見たら、日本の女性は四ヵ国語くらいしゃべる、語学の天才だということになるかもしれない。

日本人は落語を聞くとき、何の苦労もなく内容を理解していると思う。知人のドイツ人が落語を大好きになって、ドイツに行って落語を聞かせたいと思い、ドイツ語に翻訳した。私はその本を見て、落語を聞いたときには全く気がつかなかった大きな違いを見つけた。どういう点が違うかと言うと、「……とワイフが言った」「……とハズバンドが言った」というようにいちいち断っている。ただせりふだけを並べていくと、どれが亭主のせりふか、おかみさんのせりふか、わからなくなってしまうからだ。日本の落語ではト書きを入れなくても、おかみさんのせりふか、大家のせりふか、店子《たなこ》のせりふがわかる。日本語の落語はそういう点でもすばらしい芸術だということがわかる。日本語がそういうことができる言語だということ、それが私たちの生活を非常におもしろいものにしてくれているのだ。

ただし最近は女性でも男性と同じような言葉を使う人が多くなって、私のような年齢のものにはちょっとがっかりすることが多い。しかしこれも時代をさかのぼって戦前の日本を思い出すと、田舎では男女の言葉の違いはあまりなかった。私は方言の研究で茨城県に行ったことがある。ある酒屋さんのご亭主に会って、いろいろ言葉に関する質問をさせてもらった。その方は人が良くて、親切に時間をかけて相手をしてくれた。すると奥の方からおかみさんがジロジロ見ている。買い物もしないでお店を占領している変な客が来た。おもしろくなかったのか、私の相手をしている亭主に向かっていきなり「じじい、早く風呂《ふろ》さつっぱまれ！」と怒鳴った。私はおかみさんが怒ったのかと思ったけれど、どうもそうでもないらしい。普通の言い方のようである。ご亭主の方はのんびりとした口調で「ほええ……」と返事をしていた。

つまり昔は男女の言葉の使い分けはしなかった人たちの方が多かったらしい。だからいま女性が男性のような言葉を使うからといって、一概に品位がなくなったというものでもないようだ。

発音――コンピュータの音声入力に有利な言語

二番目に発音の面から見た日本語について説明する。発音の側から見ると、大きな特色が一つ挙げられる。日本語は発音の単位が少ないということである。

発音の単位とは何か。例えば「いぬ」という言葉は「い」と「ぬ」からできている。「ねこ」という言葉は「ね」と「こ」からできている。これは小さい子でもちゃんとわかる。「ねこを逆さまに言ってごらん」と言うと「こね」と言う。この「い」「ぬ」「ね」「こ」などが日本語の発音だ。これが私の勘定では一一二しかない。一一二の単位からすべての日本語はできている。このことはすばらしいことなのである。

小学校一年生の国語の時間を想像していただきたい。先生が黒板に字を書く。「ねこという言葉はこう書きます。いぬという言葉はこう書きます」と先生が説明する。生徒は「ねこ」という言葉は「ね」と「こ」からできている。「いぬ」という言葉は「い」と「ぬ」からできている。じゃあこれが「ね」という字、これは「こ」という字、これは「い」と読む字で、「ぬ」という発音の字はこう書けばいいんだな、とわかるだろう。これは応用が利く。つまり「いね」という字は、この字とこの字を組み合わせればいい。「こい」と書くときはこれとこれを組み合わせればいいということがすぐにわかる。

英語ではこうはできない。英語圏の人がdogと言うと、私たちは「ド」と言って、つめて「グ」と言っていると思う。ところが英語圏の人はそうは思っていない。逆に英語圏の人に「いぬ」という言葉、dogと言わせた後に、それを逆さまに言ってくれ、と言うと怪訝《けげん》な顔をする。日本人なら「グッド」と言いたくなるが、けっして言わない。dogは逆さまにならないのだ。catもそうである。boyでもgirlでも同じで、一つ一つの単語にバラバラにはできない。だからこの四つの言葉の書き方を覚えても、応用が利かないことになる。この四つの単語しか書けないのである。

「ドレミの歌」というのを知っておられると思う。「ファはファイトのファ」という歌詞がある。日本人は「ファイト」という言葉があると、「ファ」と「イ」と「ト」という三つの音に分かれると思う。しかし英語圏の人はfight全体が一つと思っているようである。どう歌うのか。「fightはfightのfight」と歌うのだろうか。

またこんな経験はないだろうか。中学校に入るころになると、英語の歌を歌ってやろうと思う。しかし、節と文句を両方いっぺんに覚えるのは大変だから、節だけ知っている歌を歌ってみようということになる。例えば「ホタルの光」という曲は譜面を見ると、「ソ・ド・ド・ミ・レ・ド・レ」とメロディが書いてある。should old acquaintance……と歌詞が書いてある。これをのんびりと歌っていると、節がすんでしまってもまだ文句の方があまっていて大騒ぎとなる。私なんかよくやったものだ。

どうしてああいうことがおきるかと言うと、日本人はshouldという音を聞くと、三つの音のような気がするからである。英語圏の人にとってshouldは一つなのだ。oldも一つ。オタマジャクシの一つ一つに対して「should」「old」「ac」「quaint」「ance」と書いてある。こういう話をすると、日本人は独特の謙虚な気持ちを持っているから、何か英語の方が進んでいて、日本語は未開国の言語のような感じがするかもしれないが、実はこれが日本語の大きな長所なのである。

日本語にはこの単位がいくつあるか。私の勘定では一一二。大変少ない。一一二の中には滅多に使わない発音もちゃんと入っている。「ひゃ」「ひゅ」「ひょ」のうち「ひゅ」のつく言葉は二つしかない。「日向《ひゅうが》の国」という言葉。それから「ひゅうひゅう風が吹く」。これもちゃんと一一二のうちに入っている。「ぴゃ、ぴゅ、ぴょ」の「ぴゅ」のつく言葉はもっと少ない。「ぴゅうぴゅう風が吹く」の一つしかない。

一番使うことの少ない発音は「みゃ、みゅ、みょ」の「みゅ」という発音。みなさんは「みゅ」のつく日本語をご存じだろうか。思いおこすのは難しいと思う。私は三年かかってやっと一つ見つけた。

これは大変珍しい名字の方がおられる。いまの赤坂見附《あかさかみつけ》のあたりに昔「みよしの」という名のお汁粉屋さんがあって、その方の名字は「大豆生田」と書いた。何と読むか。「おおまみゅうだ」さんと読む。ここに「みゅ」という音が出てくる。これが「みゅ」のつくたった一つの日本語だろうと思う。小学校のとき私たちは大きな声で「みゃ、みゅ、みょ」と発音の練習をした。なぜ練習をしたのかと言うと、「おおまみゅうだ」さんの名字が言えるように習ったのだ。これを入れて一一二となる。日本の子供の頭脳なら、一一二くらいの音は一年生の一学期で覚えてしまうだろう。「あ」はこう書く。「い」はこう書く。「う」はこう書く。だから日本人の子供は、一年の二学期に入ると自分の知っている言葉は何でも字で書けてしまう。これはすばらしいことである。漢字で書け、と言われると困るが、カナでいいならばこんなに簡単に文字で書ける言語はほかにない。

英語は音の単位がいったいいくつあるのか。アメリカの学者はもう数えることをあきらめているようだ。これを数えようとした人は日本にもいる。大阪の楳垣実《うめがきみのる》さんという英語の先生が、アメリカ人が数えられないなら自分が数えてやろう、と始めたのだが、数え切らないうちに亡くなられた。亡くなられる前に私に手紙をくれて、「自分の研究はまだ完成していないけど、いままでにわかった単位は、どう少なく見積っても三万はあることがわかった」と書いておられた。

仮に三万三〇〇〇あるとすると、日本語の約三〇〇倍あることになる。これは大変なことで、アメリカの小学校一年生の子供は一学期ではとても覚えきれるものではない。三学期までかかっても全部書くことはできないだろう。やはり小学校を卒業しなければ、全部の発音を書き分けることはできないことになる。するとこんな現象もおきてしまう。小学校一年生の二学期に書いた両方の国の作文を比べてみるとしよう。日本の子供はどんなことでも知っていることは書ける。アメリカの子供は一学期に習った単語しか書けないから、その文章の内容は、大人の文章と子供の文章くらい違うことになる。これは日本語の発音の単位が少ないおかげと言える。

日本語に一番近いのは、ポリネシアの言語である。インドの言葉も日本語に割合近い。それから昔のギリシャ語がそうだったらしい。ギリシャ語というと、例えば「ソクラテス」と言えば「ソ、クラ、テ、ス」と古代ギリシャの人は四つだと思っていた。「プラトン」と言えば「プラ、ト、ン」で、「ン」と跳ねるところも一つに数えるところは日本と同じである。「ドラーマ」、これは芝居のことだが、「ドラ」が一つで、引っ張るところが一つ、「マ」が一つとなる。日本とそういう点でよく似ている。ギリシャ文明が非常に発展したことが、言葉と関係があるかどうかは不明ではあるが。

つまり発音の単位が少ないということ。そのために日本の国語教育は非常にうまくいって、日本には文字が全く書けないという人はほとんどいない。これは文部省（現・文部科学省）の教育が上手だったということよりも、日本語はそのような教育ができるような言語だったということである。しかし、この発音単位が少ないということは、単に教育するのに優れているというだけではない。私は言葉を機械化する機能を持つ、最新機器の開発にも携わったことがあるが、その関係者も「日本語の発音の単位が少ないことはすばらしい」と言っている。その代表的なものがワープロ、そしてパソコンである。

ワープロというのは、漢字でも簡単にどんどん書けるタイプライターのようなものである。終戦直後、私は文部省に在籍していた。そこでは「アメリカあたりではタイプライターというものを机の上に置いて、それをカチャカチャやっていれば、新聞の一ページくらいは簡単に印刷できる。日本では新聞を印刷するためには、一つの部屋の片側の壁全部を使って、そこに活字を分類して並べておく。そしてこの活字を拾って、組んで印刷するから、日本語は大変だ。日本人はもっと漢字を減らさなくてはならない」と言っていた。私も本当にそうだと思って、一生懸命そんな講演をしたこともある。

　でもワープロを利用すると、これが簡単にできる。例えば手紙を書こうとする。まず「はいけい」を書こうとする。「拝み、啓《ひら》く」の拝啓だ。「は・い・け・い」というカナのところを押して、変換というところを押すと、漢字になって出てくる。もっとも「はいけい」という言葉はたくさんあって、初めには後ろの景色という「背景」が出てくるかもしれない。それは違うということで、もう一度変換ボタンを押せば、今度は「拝啓」という必要な字が出てくるから、漢字が読めればいい。書けなくてもいい。「拝」の字の横の棒が何本あるか知らなくても、機械の方が正しい字を書いてくれる。もっとも読めなくてはダメだが。せっかく正しい「拝啓」が出てきても、何か違うんじゃないか、ともう一度たたくと、今度は卵を産まなくなった「廃鶏」が出てきてしまったりする。この手紙をもらった人は「廃鶏、今年も大分押し詰まりました」とあったら、随分驚くことだろう。だから読めなくてはダメなのである。

　しかし最近は機械の方もとても賢くなった。例えばずーっとひらがなで打ち続けても、機械の方が文脈を考えてくれて、正しい漢字をあててくれる。初めにひらがなで

「くれおぱとらのはなはうつくしかった」と打ち、変換ボタンを押せば「くれおぱとら」はカタカナに変わり、「はな」というところは人間の「鼻」に変わる。「うつくしい」も「美しい」という漢字になる。前後の文脈からそのように推察してくれるのだろう。私はワープロが出始めたころに新しもの好きで買ったが、そのころはそんなに賢くなかった。「あいちけん」と押すと、「愛知」までは漢字が出るが、「けん」が「権利」の「権」になってしまう。もう一度やり直すと、「北極圏」の「圏」になってしまう。なかなか正しい「あいちけん」にたどりつけない。いまはもっと安くてしかも初めから「愛知県」と出てくるワープロソフトが出ている。「クレオパトラの鼻は美しかった」という文章は、カナも漢字も全部正しく入って出てくる。さらに「それはこうきゅうのはなぞのにさくいちりんのばらのはな」とすると、さっきの「鼻」が消えて、ちゃんと咲く「花」に変わるのである。しかももっと意地悪く「かのじょのはながもうすこしひくかったら」と変えると、しっかり「鼻」に戻る。このくらい利口になった。

そして時代はもっと進んでいる。最近では機械の前で人がしゃべると、ちゃんと機械が聞きとって書いてくれるものまでできたという。こうしたものができると、文字は全然知らなくてもいい。目の見えない人でもその機械の前に立って、何か言えば機械が勝手に書いてくれるようになった。

このような機械は日本だけでなく、世界中の誰もが作りたいと考えていた。しかしアメリカ、フランス、イギリス、ドイツなどの科学者は、もしもそうした機械ができるとしたら日本が一番初めだろうと思っていたそうである。なぜそう考えていたのか。それは日本語の発音の単位が少ないせいである。

音声を聞き書きしてくれる機械を使うときに、例えばいきなり「おはようございます」などと言っても、機械はポカンとしているだろう。まずその人が普段しゃべっている音を、発音の順序を守ってゆっくり発音して聞かせる。「あ・い・う・え・お」というように。一一二の音くらいは機械ならすぐに覚えてしまう。そうしたら後はゆっくり「おはよう」と言えば、機械はひらがなでそのように書いてくれる。あとは自動的に漢字に書き換えるというわけだ。

このような機械が発明されたのも、結局一一二の音ですべての日本語ができているからである。まだこうした機械は高価で簡単に買うというわけにはいかないかもしれないが、いずれはどの家庭にも一台はあるようになるだろう。これも日本語の長所である発音の単位の少なさから来ている。発音の面での日本語の魅力について、まだまだ言いたいことはあるが、次に行こう。

文字——漢字・ひらがな・カタカナ・ローマ字交じりの長所

三番目は日本語の文字の話。日本語の文字は難しいと言えば難しい。いろいろな書き方があるからである。文字の種類だけでも、日本で発明されたカタカナ、ひらがなの二種類があり、さらに中国から伝わった漢字があり、ローマ字やアラビア数字もある。

ちょっと街を歩いても、「Yシャツ見切り品　¥2000より」などと書いてある。たったこれだけでも「シャツ」はカタカナ、「見切り品」はひらがなと漢字、「Y」はローマ字——昔ローマで発明された字である。「2000」はアラビア数字、アラビアで発明され、ヨーロッパに伝わり、明治になって日本に伝わった。

このおかげで日本人は新聞などを開くと、パッと大事なことがわかる。中国の主席がいま日本に来てゴタゴタやっているとか、あるいは戦争をどこかでやっているとか、スポーツ欄でもどこが勝ったとかすぐにわかる。大切なことは見出しに大きく書いてあり、そこにある漢字を見ただけで大体の様子がわかるようにできている。本屋さんに行くと、もっとはっきりする。例えばロンドンの本屋さんに行くと、自分の欲しい本がなかなか見つからない。『ロマンス・オブ・ランゲージ』という本が欲しいと思っても、外国の本は背表紙に縦で小さな文字で、しかも読みにくい大文字ばかりで書いてある。中には横書きで書かれているものもあるから、体を斜めにしてみないとわからない。本屋さんで立ち読みなんてことはなかなかできない。日本の本屋さんだったら、大きな字で「言葉のロマンス」と書いてあるのですぐわかる。こういう点、日本の漢字、カナの使い分けというのは、覚えるのは大変だが、身につけると非常に楽である。

日本の新聞の紙面は芸術だと思う。大切な記事は太く大きな字で書いてあり、それほどでもないものは小さな活字になっていて、途中に笑い話があったり、広告があったり、挿し絵があったりする。外国の新聞というのは、表紙、第一面を見ると、「中国の主席が日本を訪問した」と大きく書いてあるが、行の途中で言葉が切れても平気である。しかも一ページ目の記事の最後のところを見ると、「この続きは最後のページに続く」と書いてある。「ニューヨークタイムズ」というのはアメリカの有名な新聞だが、最後の面を見ると一ページから続く、二ページから続く、とそんな記事ばかりである。日本だったらそんな構成は中学生新聞でもやっては恥だと思っている。日本人のきちんとまとめる才能は大したものだと敬服する。

私が一番感心しているのは時刻表である。どうしてあんなに巧く収まっているのだろうか。駅の名前や列車の本数が、すべて同じページの中にきっちり入っている。少しでも余白があると、土地の名物の広告とか駅弁の紹介とかが入っていて、とにかく余白を作らない。スイスへ行ってヨーロッパ全体の列車の時刻表を買ったことがある。一ページの半分が真っ白になっていた。一行くらいしかないところもある。外国の人はきちっと一つに収めようなどとはしないで、実におおざっぱ。逆に日本人は、昔から一つの中にこまごまとまとめるような技術を磨いてきたようだ。

ちょっと横道にそれたので漢字の話に戻ろう。漢字というのは難しいと言えば難しい。しかし意味が発音と一緒にわかるという点ではすばらしいものである。例えば車で走っていると、前を行くトラックが硫酸とか砒素《ひそ》とか、恐い薬品を積んでいる。そんな車の後ろには危険の「危」の字が書いてある。これなど一目で「危ないなあ」という感じを受ける。ひらがなで「あぶない」と書いてあってもあまりピンとこない。ローマ字で「ＫＩＫＥＮ」と書いてあっても、誰も危険とは感じないだろう。あの漢字のすばらしさ。これは漢字が読み方と意味を一緒に表すというおかげである。

中国へ行って、大学の中を案内してもらったことがあった。図書館には学問の本が分類して並べてある。どのように分類されているかというと、中国で書かれた本、日本で書かれた本、欧米で書かれた本、というように分かれている。中国で書かれた本、と、中国で書かれた本は誰でもわかる。欧米でできた本は語学を習わなくてはわからない。日本でできた本はその中間で、漢字を辿《たど》っていけば大体の意味はわかるそうだ。ただし助詞と助動詞はわからないが、そこだけ文法を習えば、日本の学術的な本を読むのはやさしいという。これも漢字の恩恵である。

日本人もこの恩恵を受けている。私たちが中国へ行って、デパートに入ると、どこが入り口でどこが出口かすぐわかる。出口の方は「出口」と書いてある。それに対して入る方は「進口」と書いてあるから、こっちが出口だな、こっちは入り口だろうと思う。手洗いなどもわかりやすい。「男廁」、こう書いてあれば男性用。もっとも読み方は難しい。日本語であれば「し」と読むのか。しかしどこが手洗いで、どっちが男性用かすぐにわかるのは非常にありがたい。これは漢字のおかげである。また、中国の唐の時代の詩、「国破れて山河あり、城春にして草木深し」は、漢字ばかり並べてあるが、われわれがすぐに理解できるというのも漢字の大きな力だと思う。これがもしローマ字か何かで書いてあるとしたら、全くわからないかもしれない。字を見ただけで意味がパッとわかる。漢字のすばらしさには何か神秘的なものさえ感じることがある。

ちょっと脱線するが、三島由紀夫《みしまゆきお》という偉い小説家がいた。あの方は非常に嫌いなものがあって、カニが嫌いだった。宴会に行ってカニの料理が出ると、隣の人に「ちょっとこれを食べてくれないか」といちいち譲っていた。そういう人になると、「蟹《かに》」という漢字を見ただけで鳥肌がたったという。ある人が「あなたは勇ましい方で、カニなんか怖がることはないと思いますが、どうしておいやなんですか」と聞いたら、「横に這《は》うところが気に入らない」と言う。「横に這ったっていいじゃないですか」、「イヤ、困る。何しろオレはタテの会だから」と言ったとか（編集部注・三島由紀夫が中心となって結成した会の名前が「楯《たて》の会」という）。これは私の作った冗談だが、蟹という字を怖がったというところまでは本当の話である。

文法1――動作と同じ順番に並ぶ日本語

さて今度は日本語の文法の話に移ろう。文法と聞いただけでうんざり、という人も多いかと思う。文法というのは、言葉の並べ方の決まりなのである。例えば「今日は雨が降らなくて良かったですね」と私が言おうとする。順序さえ同じなら誰が言っても意味は同じである。もしも文法がなくて順序が決まっていなければ、「今日は」と言わずに、「は今日」と言う人がいるかもしれないし、「雨が降らなくて」が「降らなくて雨が」と言うかもしれない。この決まりがなかったら、自分が複雑なことを言っても、相手には通じなくなってしまう。同じ文法を持っているから通じるのである。日本人が文法を嫌いなわけは、言葉のつなぎ方の決まりがいやなのではなくて、その決まりを説明する連体修飾語とか、あるいはカ行変格活用とか、わかりにくい言葉がいっぱい出てくるので、嫌いなのだと思う。

文法、言葉の順序というものは、言語が違うと当然違ってくる。例えば日本語では「私はあなたが好きだ」と言う。英語だったら「I love you」、中国語でも「ウォー・

アイ・ニー」と言って、動詞の方が「あなたを」というところより先に来る。これは文法が違うからである。みなさんはどっちがいいと思われるだろう。これも日本人は何となく外国語の方が高尚だと思っていないだろうか。ところが世界中の言葉を調べると、日本式の順序の方が多いようだ。日本の近所では朝鮮語がそれにあたる。モンゴル語、トルコ語、それから元来ヨーロッパ系のインド語、イラン語、アルメニア語など、日本語と同じ順序のところはたくさんある。またフランス語、アフリカ語も共通するところが多いらしい。

なぜかと言うと、どうもこちらの方が理屈にあっている。その理由を説明しよう。若い方はご存じないかもしれないが、昔NHKでジェスチャークイズという人気番組があった。柳家金語楼《やなぎやきんごろう》さんと水《みず》の江《え》滝子《たきこ》さんが両軍のキャプテンになって、両方の組から選手が登場し、相手の組から出された問題を言葉でなく身振り手振りで自分の味方に教えていく。例えば「行水をしている若い女性の姿を、節穴からのぞいてどぶへ落ちた男」なんていうのが出題される。そのときに身振りでやる順番がおもしろい。「どぶへ落ちた」は、まずどぶを表し、そしてそこに落ちる真似をする。それから「節穴からのぞく」というのは、まず節穴のかっこうを見せて、それからのぞく動作をやった。

こういう身振りでの順番は世界共通という。言語学の本に有名な話が載っている。あるときシベリア鉄道でアメリカ人の母娘《おやこ》とフィンランド人の母娘が乗り合わせた。ところが偶然娘たちは二人とも聾唖《ろうあ》者《しゃ》だった。お母さんはアメリカ人とフィンランド人だから全然言葉が通じない。けれども娘二人は身振り手振りで話し合って理解した。片方が「こちらはアメリカから来たそうよ」と言い、片方も「フィンランドの方なんですって」と通じ合えて、親しくなったという話が、ちょっといい話として載っていた。

身振りというものは世界共通なのである。そこには共通の決まりがあって、形のあるものを先に言った方がわかりやすい。それはそうだろう。「どぶへ落ちた」というときに、「どぶ」を表す身振りを先にやっておいて、それから「落ちる」という動作をやった方がわかりやすい。「節穴からのぞく」というのも、先に「節穴」という形を見せておいて、後から「のぞく」という動作をやった方が誰にでもわかりやすいから、聾唖者の身振りはちゃんとそういうふうに決まっているようだ。日本語はちゃんとその順序に合っている。英語だったら「節穴からのぞく」は to peep into a hole あるいは to peep through a hole になる。「どぶへ落ちる」は to fall into a ditch などと言うのだろう。「落ちる」の方を先に言う。そのように日本語の語順の方が合理的なのである。

先ほどの I love you の方はどうだろう。「白鳥の湖」というバレエの演目がある。あの中でジークフリートという王子がオデット姫に対して、I love you の動作をするところがある。バレエなので口は利けないから、動作でやる。まず自分を指して「I」そして次は相手を指して「you」それから「love」という動作をする。I you love の順序でやっている。あの原作は何語で書かれているのかわからないが、おそらく欧米語であろうと思う。しかし動作はひっくり返って目的語と動作を表す言葉が逆になっている。ぜひこれに気をつけていただきたい。つまり「私」とか「あなた」とか形のあるものを先に言って、「愛する」という動作を後で言った方がわかりやすいということである。こういう点で日本語は非常に合理的であるということ。きちんとわかりやすい順番で並んでいるというのは、日本語のすばらしい点である。

また次のような点でも日本語は合理的である。時間などを言う場合、「いま、午後七時二〇分です」という言い方をする。大きい方から順々に並べていく。英語はそうではない。二〇分の「twenty」そして七時過ぎの「past seven」そして一番最後に「p.m.」と言う。「明日の午後七時二〇分にお出《い》でください」と言うときに、まず「午後」と言ってもらって、「七時」を言って、「二〇分」を言う。大きい方から小さい方を言う方が聞いていてわかりやすい。「二〇分」というのを先に言って、「七時」を次に言って、「午後」というのが最後に来るのは何か変である。

場所も同じである。宛名を書くとき、日本人は東京都、杉並《すぎなみ》区、松庵《しょうあん》何丁目、というように広い方から狭い方へ行く。英語ではそうはならない。何番地が先に来て、何丁目、町名、東京、ジャパンが一番最後に来る。これは大きい区域から先に表した方が合理的だろう。

郵便番号なんてものも作られたが、元来日本の住所の書き方には、そんなものはいらないのである。一番先に書いてある東京都から順々に見ていけばいい。そうしたところからも日本語の順序というのは非常によくできていると思う。

文法２――日本語だから九九が覚えられる

ことに私が日本語の文法で本当に良いと思うのは、数の数え方の文法である。日本語では、「いち」「に」「さん」「し」と「じゅう」まで行く。「じゅう」と「いち」を足すと「じゅういち」になる。「じゅう」と「に」を足したら「じゅうに」になる。こんな覚えやすい数の表し方は欧米ではない。

英語では「テン」と「ワン」を足したらどうなるか。「テンワン」とは言わない。「イレブン」。全然別の言葉である。「テン」と「トゥ」を足したら「テントゥ」ではなく「トゥエルブ」。全然別の言葉となる。「にじゅう」「さんじゅう」でも、日本語では「じゅう」を二倍したら「にじゅう」、三倍したら「さんじゅう」。これはやさしい。英語の方は「じゅう」を二倍したら「トゥテン」ではなく「トゥエンティ」、「じゅう」を三倍したら「スリーテン」ではなく「サーティ」。欧米の人は「じゅうさん」の「サーティーン」と「さんじゅう」の「サーティ」を間違えやすいと言うが、これは無理ない話である。

終戦直後のことだが、アメリカの教育者たちが日本にやって来た。そして東京の小学校を参観した。そのとき小学校では、二年生の子供が難しいかけ算の練習をやっていた。それをアメリカの教育者が見て、「あなた方は何という残酷なことを子供に強いるんだ。こんな難しいことを小さい子供にやらせようとするから、日本人は逆に頭が悪くなって、戦争にも負けてしまうのですよ」と言ったという。日本の教育者は従順だから、本当にそうかと思って、一時はかけ算を三年生以上で教えることにして、二年生の終わりまでは一〇〇までの足し算、引き算ばかり教えていた時代があった。でも本当はこんな心配は要らないのである。日本のかけ算は実にやさしい。なぜかと言うと、九九というものがある。「ににんが四」「にさんが六」、あれを唱えていけば、難しいかけ算がどんどんできてしまう。こういったものは欧米にはない。なぜないかと言うと、あちらではかけ算の前の足し算が難しい。例えばファイブとシックスを足したものをイレブンと言うし、シックスを二つ足したものをトゥエルブと言う。ここのところでかけ算にあてる九九を使ってしまう。だからかけ算をやろうとしても九九がない。どうするかと言うと、式を丸暗記するしかないということになる。

昔シューベルトの伝記映画「未完成交響楽」を見た。あの中でシューベルトが小学校の代用教員をやっている場面がある。生徒にシューベルトがかけ算を教えていた。

シューベルトが黒板に式を書く。二×二＝四、二×三＝六というように書いているのだが、「ににんが四、にさんが六」というようには教えていない。式はまるごと「ツバイマル・ツバイ・イスト・フィア」「ツバイマル・ドライ・イスト・ゼックス」というように、つまり「二に二をかけると四になる」「二に三をかけると六になる」というような文句を暗記させているのである。生徒もちっともおもしろくないから、隣の子供と突っつきあったり、窓の外に飛んできた鳩の姿を見たりして、ろくに勉強に身が入らない。シューベルト自身もイヤになって、最近ゲーテの詩に作曲した「野ばら」の歌を歌って聞かせると、生徒たちが生き生きとした表情になって、みな一緒になって歌う。シューベルトもいい気持ちになってやっていると、校長先生が廊下を通りかかってそれを見てしまい、シューベルトがクビになる、という話だったが、あれが外国のかけ算の教室風景らしい。

私の親戚《しんせき》のもので、戦争中満州《まんしゅう》（現、中国東北部）に渡り、日本に帰り損なってソ連（現、ロシア）の捕虜になってしまった男がいた。ソ連は日本人を労力として使うから、どこかの収容所に連れていかれて毎日重労働させられる。そのときの思い出によると、ロシア人の将校は相当な教育があるはずなのに、かけ算がほとんどできない。二をかけることと、五をかけることくらいしかできなかったという。日本人捕虜の人数を数える場合に、日本人だったら三列に並んでも、四列に並んでもすぐに計算ができるので、四列に並んで、全部で何人だ、と言ってもロシア人は承知しない。無理矢理二列に並ばせて番号をかけさせる。さっき日本人が四列で計算したときと同じ数字が出るのだけれど、ロシア人はそれでも承知しない。さっき日本人の出した答えは偶然あたったんだ、と言い張る。これでは進歩しようもない。

つまりそのくらいかけ算、わり算というものは、日本人以外の民族、中国人は別だが、欧米人にとっては難しいものだということを、ぜひ頭の中に入れておいていただきたい。日本の数の表し方は別に何でもないようだが、三〇と言っても三三と言ってもやさしい。三〇は一〇の三倍だとすぐにわかる。三三は三〇と三を足したものだとすぐにわかるのは、すばらしい文法を持っているからなのである。

それでも英語はまだいい方で、フランス語を習った方はご存じかもしれないが、フランス語の数の数え方は大変難しい。六〇は何と言うか。「スワザント」と言う。七〇は何と言うか。「スワザントディス」と言う。どういう意味かと言うと、六〇は「スワザント」で、「ディス」は一〇なのである。七〇と言う代わりに六〇足す一〇と言うのである。では七二は何と言うか。「スワザントドゥーズ」と言って、六〇足す一二のこと。八〇になるとどうなるか。「カートゥルバン」と言って、これは四かける二〇ということである。だから日本人だったら、八〇から七二を引くとすぐに八と出てくるが、フランス人はなかなか出てこない。四かける二〇から六〇足す一二を引くのだから頭の中は大変だろう。みなさんも経験があるかと思うが、フランスやアメリカに行って買い物をすると、お釣りがなかなかもらえない。あちらの人は大変なのである。

ドイツ語なども大変合理的な言語だと思われているが、数の表し方はけっして合理的ではない。一二三を何と言うかと言うと「アイン・フンデルト・ドライ・ウント・ツバンツイッヒ」。これはどういうことかと言うと一〇三足す二〇と言っているのである。ドイツ人によると、例えば一人の人が読み上げて、もう一人の人が計算をしようとするときは、よく一三二と一二三を聞き間違えるという。ドイツ語は多い方から言うという決まりがない。一〇〇つまりアイン・フンデルトというのを一番先に言って、三、ドライを言って、それから「ウント・ツバンツイッヒ」。つまり一〇三、二〇と言うのである。これでは頭の中が混乱するのも無理はない。

私がもっと驚いたのはアラビア語である。数を小さい方から順々に言うのだ。だから「これいくらですか」と聞くと、一番安い単位を言って、一番高い単位を最後に言う。最後まで聞かないと安いか高いかわからないから、大変不便なものである。

以前東京外国語大学に勤めていたときに、語学の権威の先生たちと日本語の数の数え方は大変合理的でいい、という話をした。フランス語の先生が「本当にそうだ、フランス語は難しい」と言ったら、それまで黙って聞いていたインド語の先生がおっしゃった。「私から見ればフランス語でさえうらやましいと思います。なぜならインド語では一から一〇〇まで単語がバラバラで、九三まで教わっても九四を何と言うか教わらなければ言えないのです」と言うのである。詳しくは『インド語四週間』などという本が出ているので、もし機会があったらぜひ見ていただきたい。本当に大変である。だから当然数の聞き間違いや言い間違いも多くなる。私はそういう国に生まれなくて良かったと思ったものである。

インドの数のことで不思議に思うことがある。日本はインドから来た仏教の影響を受けた。仏教では半端な数が好きである。三十三間堂とか、十一面観音とか、たくさんそういうものがある。奈良の大仏は五丈三尺。浅草《あさくさ》の観音様は一寸八分。あの半端な数が一つ一つ何かの意味を持っているのだろう。日本にはそういうことがあまりない。一八というのは一〇足す八、これっきりである。二三というのは二〇足す三。それだけだ。特別な連想を持っていない。特別な連想があるとしたら、二〇歳を表す「はたち」という言葉か。これはいかにも若々しい。インドの数字の言葉はみな何かを連想させるのではないだろうか。だから浅草の観音様は一寸八分でなければいけないので、一寸七分ではダメなのだろう。でも毎日の計算をするときにいちいちそんな面倒な空想をする必要もない。そんなことで、日本語の数を表す文法はすばらしいものだということを、ぜひ覚えておいていただきたい。

単語1——新しい言葉が次々にできる理由

五番目は、単語の構成から見た日本語について述べたい。日本語は単語の数がものすごく多い。世界でも有数だろう。英語も多いが、日本語はもっと多いかもしれない。日本語というのは新しい単語を作りやすいからである。例えば「娘」という言葉があると、「町娘、村娘、山娘……」と何でもできてしまう。あるいは「育ち」というのでも「農村育ち、都会育ち……」、何でもできる。このように新しい言葉の組み合わせがどんどんできる点では、漢語でも同じである。いまは自動車全盛の時代で、「車」という漢字が一つあると、いろいろな種類の車がみな言えてしまう。新しい車は「新車」と言い、少し古くなった車は「中古車」、外国から来た車は「外車」、日本でできた車は「国産車」、向こうから来る車は「対向車」で、前を走っている車は「前車」と言う。こんなにいちいち単語を作っている民族はいないかもしれない。

この間ある宴会に行き、料理を食べた後に「ただいまゲイシャが参りました」と告げられた。みなさんは意味がおわかりになるかもしれない。私は三味線を弾く女性が入ってくるかと思った。しかしそうではなく、普通の男の人が立っているだけなのである。迎えの車のことを「迎車」と言うのだということがわかった。私の辞書には載っていなかったので、早速「げいしゃ」は「迎えの車」と載せた。いくらでもそういうのがある。もっと奇抜だったのは、ある機械の製造会社から講演を頼まれたときのこと。その日になったら「ただいまソシャを差し向けました」と言う。何が来るのだろうと思った。「粗末な車」という言葉を作ったのである。実際には立派な車が来たので、私は会社に着いてから、「本日は『豪車』でお出迎えをいただきました」と言った。通じたかどうかわからないが、そういうことが言えてしまう。「車間距離」などという短い言葉も日本語なればこそである。「駐車場は今日は満車だ」とも言える。こういった言葉をどんどん作り出す技術というのは世界でも珍しいのではないだろうか。

一番困るのは私のように辞書を作っている人間で、例えば誰か親しい人が来て「息子が中学校に入りましたが、何かお薦めの国語の辞書を」と言われたとき、「私のをお使いください」とは言えない。「最後のページにある発行年月日を見て、一番最近出た辞書をお買いください」としか言えなくなる。こうしたことはほかの国ではまずおこらないだろう。新しい言葉がどんどん出てくる。カタカナの言葉もできる。日本語くらい新しい外国の言葉を輸入できる国は珍しいだろうと思う。それはつまり耳で聞いた印象をカタカナで書けば日本語になってしまうからである。こうしたことはどんどん増えていく。

中国なんかは大変である。中国にはカタカナにあたるものがないから、ほかの国の言葉を自分の国に取り入れようとするとき、漢字を作るしかない。そこで昔は新しい漢字を作ったようだ。コーヒーは、王偏に加と書いて「コー」と読み、王偏に非と書いて、「ヒー」と読んでいる。新しい字を作っていったのだが、「葡萄《ぶどう》」でも「琵琶《びわ》」でもそうしてできた漢字だろうと思う。でもそれではとても追いつかなくなってしまった。そこで何とか似た発音の字を組み合わせて作っている。「コカコーラ」は「可口可楽」でこれなんかは巧《うま》くできたが、「タクシー」は「的」という字と「士」という字を書く。これでは弓を射る侍みたいである。「カラオケ」なんかも妙な字を書いている。

そういったように日本人はどんどん新しい単語を作るけれど、いまの辞書を見ると、正直なところ私はあまりきれいな言葉が並んでいる、という印象を持たない。ゴミ袋に詰まったゴミのような感じさえしてしまう。明治のころの辞書で、言葉の海と書いて『言海』というのがある。あれなどを開くと、昔の日本語はきれいだったと思う。

例えば「ゆ」というところを引くと、「湯上がり」という言葉が出てくる。それから「夕月」「夕靄《ゆうもや》」とか「夕映え」、そして「ゆかしい」「ゆかり」「雪国」「雪空」「雪もよい」などという言葉が出てくる。「ゆく春」「ゆく水」などは本当に文学書を読んでいるような気持ちがする。英語の字引だとそういう言葉は出てこない。英語ではそういう単語がないからである。

和英辞典を引くと、「夕風」というのは evening breeze と二つの単語で表す。川端《かわばた》康成《やすなり》さんが『雪国』という小説を書いて、これをE・G・サイデンステッカーという人が英語に翻訳なさった。そのタイトルが『Snow Country』という。でも「雪国」という言葉が持っている情緒は『Snow Country』では言い表せないと思う。先ほど「湯上がり」という言葉を挙げたが、みなさんは普段使っていて、ちっともきれいな言葉ではないとお考えかもしれない。もしこれを英語で言ったとしたらどうなるか。

和英辞典を引くと、after bath と書いてある。でも日本人はそういう言葉を見たら「湯上がり」とは訳さず、「入浴後」とするだろう。日本語には「湯上がり」と「入浴後」と二つ単語があり、使い方が違う。例えば皮膚病の薬を買ってきたとする。効能書きが入っていて、「この薬品は入浴後に患部に塗布すれば特効あり」と書いてある。これが after bath である。「湯上がり」というのは、私たちが旅館の温泉に入っていい気分になって部屋に戻ってくる。夕ご飯にはちょっと間があるというわけで、縁側の籐椅子《とういす》に腰かけて、庭の紅葉なんかを眺める。あのさわやかでのんびりした感じが「湯上がり」という言葉にはある。北原白秋《きたはらはくしゅう》の短歌に「湯上りの好いた娘がふくよかに足の爪剪《き》る石竹の花」というのがある。このような歌は、「湯上がり」という単語があってこそ生まれるわけである。

単語２──日本人の性質が表れる言葉とは

日本語には美しい単語がいっぱいあるということが、少しおわかりいただけただろうか。季節を表す言葉もたくさんある。日本というのは春夏秋冬の季節が非常にはっきりしている。そのことから一つ一つの言葉が季節感を持っている。

雨が降っても、はるさめ、夏のゆうだち、秋のしぐれ、とみんな言葉が違う。漢字で書いても五月雨《さみだれ》、時雨《しぐれ》などがある。これは「五」を「さ」と読むのではなく、「月」を「み」と読むのでもない。意味を解釈して日本人が漢字をあてているのである。雨の降り方に関して、どうして「五月雨」というのができたかと言うと、日本人は昔から中国から来た漢字を尊び、なるべく漢字で日本語を書こうとした。ところが向こうにないものは、それにあてはまる漢字がない。中国でも雨は降るから「雨」という漢字はあるけれど、五月雨とか梅雨とかいうのは中国にはない。そこで無理に五月雨は五月のころに降る雨ということで「五月雨」と書いて「さみだれ」と読むことにしたわけである。雨に関してそういう作った言葉がいっぱいあるのは、日本が雨の国だからだろう。たくさんあるのは雨に関する言葉と海産物である。海の老と書いて「えび」と読んだり、海の苔《こけ》と書いて「のり」と読んだり、日本はまさに海産物が豊かな国なのだということを実感する。

　東京に住んでいてももちろん季節感はあるが、かつて京都に行ったとき、本当に日本の自然を感じた。例えば「春雨」という言葉がある。東京では春に雨が降ってくると、これが春雨かと思うが、東京の春雨は本当の春雨ではないということがわかった。私は戦後京都の大学の講師をやるためにしばらく滞在することになった。ある日大学に行こうとしたら、あたりが一面の霧である。私は随分霧が濃く立ち込めているなと思いながら歩いていた。ところが加茂川《かもがわ》に架かる橋を渡りかけて、加茂川の水面《みなも》を見たら、一面に細かい波紋が出ている。私が霧だと思っていたのは霧ではなくて、こぬか雨だったのである。細かい雨で、けっして激しく降っているわけではないのだが、引力の法則でしまいには加茂川の水面に到達する。そこでようやく波紋になる。

　私はそのとき初めて小学校のときに習った文部省唱歌の「四季の雨」という歌を思い出した。「降るとも見えじ春の雨、水に輪をかく波なくば、けぶるとばかり思わせて。降るとも見えじ春の雨」。まさにこの光景にぴったりで、すばらしい歌詞だなあとあらためて感じ入ってしまった。小学校のときは全然意味がわからなくて、メロディもよくなかったので、少しも覚えたいとは思わなかった歌である。この経験をしてから、私のような日本語の勉強に携わる人間は、京都を知らなくてはいけないな、と思ったものである。

そして同時に、ああそうか、と思いついたことがあった。「月形半平太《つきがたはんぺいた》」という新国劇の出し物をご存じだろうか。新国劇はいまはもうなくなってしまったが、新しい形の歌舞伎と言われたものである。月形半平太は勤皇の侍で、剣が強く、男っぷりが良い。だから女性におもてで、京都のお茶屋の雛菊《ひなぎく》という女性と親しくなる。月形が雛菊のもとから帰ろうとすると、春雨が降っている。そこで雛菊が月形半平太に向かって「月様、雨が」と傘を差しかけようとする。すると、月形はそれを振りきって「春雨じゃ、濡《ぬ》れて参ろう」と歩き出す。一番いいところで、大向こうから「大統領！」と声がかかる場面である。このせりふを聞いてどう解釈するか。私は子供のころに見たとき、春雨は濡れても風邪を引く心配はないから傘はいらない、と解釈していた。でもこれは間違いだった。京都に行って初めてわかったことである。つまり雨というのは普通は上から降るから傘がいる。ところが春雨というのは上から降らない。傘を差しても霧のように周囲から押し寄せてくる。だから「春雨じゃ、濡れて参ろう」というのは、春の雨だから傘を差しても無駄だということを言っていたのだ。その後これを大学の入学試験問題に出そうかと思ったが、京都の受験生ばかりいい成績になってもまずいと思ってやめることにした。

秋の雨、「時雨」にも特有の意味があり、私どもの辞書には「秋の末ごろ、降ったりやんだりする雨」と、大変散文的に書いてある。でも昔の人は「時雨」という言葉を聞くと、山の木の葉が紅葉し、雄の鹿が雌の鹿を慕って鳴く。何となく肌寒い、人恋しい感じがする、というようなさまざまな思いをこの短い単語に感じることだろう。

雨もそうだが、月になるとなおさらである。月という天体は一年中同じように照っていると思うが、日本人の感覚では違う。春には「朧月夜《おぼろづきよ》」という有名な歌があるし、そして秋には十五夜の名月になる。いつだったか本多《ほんだ》勝一《かついち》さんという人がアラビアに行った話を書いておられた。そのときに子供のころ習った「月の砂漠」という童謡を、土地の人に聞かせた。ところがそれを聞いた向こうの人はびっくりしたというのだ。それは一番最後のところで、「朧にけぶる月の夜を、対の駱駝《らくだ》はとぼとぼと。沙丘《さきゅう》を越えて行きました」とある。「おぼろにけぶる」だから、日本人の気持ちとしては春である。暑くもなく寒くもなくちょうど良い季節に、白いお揃いの上着を着て、若い王子と王女が夢のような旅をしていくという美しい歌だと思っている。ところが実際のアラビアに行くと、春が来たからといって月はおぼろにならない。月は一年中皓々《こうこう》と照っているという。では全くおぼろにならないかというと、間違えて一年に一度くらいおぼろになることがある。どういうときになるかというと、砂漠全体を襲うようなつむじ風が吹くと、砂漠の砂が巻き上げられて、空一帯が赤くなる。そうすると月もおぼろになるというのである。だからおぼろの月が出ているときは、そんなお揃いの服を着てのんびり歩けるものではない。そう言われて本多さんは、「月の砂漠」の作者は日本以外の自然に対していかに無知であるかを、はからずも暴露してしまったと書いていらした。それはそうかもしれないが、こうした想像ができる日本人というのは楽しいではないか。私はむしろそう思っている。そしてそのような空想の世界を味わえる幸せを感じる。

日本は自然が美しい。第一に山が緑である。このような国は世界になかなかない。日本の紅葉が世界一美しいと言われているのは、木の種類が違うからである。日本には木の種類がいっぱいある。前に漢字というのは中国にあるものを輸入してそれで日本語を書いたと述べたが、木偏の文字に関しては国字が多い。国字というのは日本で作った漢字のことである。例えば木の名前で言うと「榊《さかき》」という字、木偏に神と書く。中国にはそんな漢字はない。日本人は「さかき」というのを漢字で書きたいと思って、「さかき」は神に捧《ささ》げる木ということで木偏に神と書いたのである。

木偏に次いで国字が多いのは魚偏である。魚偏に雪と書いて「たら」と読む。魚偏に弱いと書いて「いわし」と読む。いかに日本が魚の国であるかということを表している。

木偏の言葉としては「枯れる」というのも日本的な単語である。英語では「枯れる」というのは「死ぬ」という言葉で表す。フランスのシャンソンに「枯れ葉」というのがあるが、「死んだ葉よ、死んだ葉よ」と歌っているので、日本語に直訳して聞くと気持ちが悪い。でも「枯れる」は「死ぬ」とは違う。植物だけに使う言葉である。また「咲く」という言葉は口偏の字を書くが、中国ではこれは「わらう」という意味で、花が咲くときには「ひらく」という「開」という字を使っている。麻雀《マージャン》の「嶺上《リンシャン》開花《カイホウ》」の「開花」が花が咲くという意味にあたる。「開」という漢字しかないのである。日本には植物に関しては、新しい国字を作ったり、無理矢理違う意味の言葉をあてはめたり、相当苦労しているのは、それだけ植物の種類も多いし、関心も深いからということになるだろう。飛行機から眺めると、日本の山はみんな緑である。こういうところは珍しい。「南国スペイン」なんて言葉を聞いて緑の大地かと思うと大間違い。飛行機から見るスペインの国土は、山は多いけれど大体がはげ山で、枯れた茶色である。木なんてほとんど生えていない。

また日本のように水の美しいところは少ない。小学校のとき「山はあおき故郷《ふるさと》、水は清き故郷」という唱歌を習ったと思うが、日本だからああいう歌ができるので、もっと感謝を持ってあの歌を歌い、日本人の幸せを感じていただきたいものである。

「濁る」という言葉がある。和英辞典を引くと、to go to be dirty と書いてあるが、日本では泥水にならなくてもちょっと不純になってしまうと、「濁る」という言葉を使う。与謝蕪村《よさぶそん》の俳句に「二人してむすべば濁る清水哉《かな》」というのがある。おそらく若い男女の二人連れが、道ばたの岩からしみでる清水を飲もうとしたのだろう。二人で手を入れたら、底の方に沈んでいた砂が少し浮いてきたという意味かと思う。つまりほんのちょっと濁っても、日本人は「濁る」と言う。それくらい日本の水はきれいだということである。

本章の最後に人間の体に関する言葉の話をしたい。日本語では人体に関しては非常に無関心である。例えば「くび」と言うと、くびれているところも、その上全体の部分も「くび」と言う。漢字ならばくびれているところは「頸《くび》」にあたり、その上全体は中国では「首」という字を書く。「あし」にしても、日本では腰から下全体も「あし」だし、靴の中に入っているところも「あし」である。中国では腰から下全体は

「脚」で、靴の中に入っているところは「足」と表す。そのように、ただ「くび」「あし」といっても、どの部分を指すか日本語ははっきりしないのである。

アメリカ人に日本語を教えていたら、その人が「先生、腰をかけるとはどういうことですか」と聞く。私はこんなことも知らないのかとあきれながら、椅子に腰をかけて見せた。するとそのアメリカ人は、「先生は尻《しり》をかけました。腰をかけませんでした」と言う。これには参った。確かにそのとおりである。日本人は尻なんていう言葉は、品が良くないと思って使わない。肉体的なものをあまり話題にしない傾向がある。『百人一首』で使われる和歌なんかもそうである。手、口、鼻、耳なんて言葉は出てこない。よく出てくるのは衣や着物である。「衣かたしきひとりかも寝ん」「わが衣手に雪は降りつつ」という具合に着物に関しては非常にたくさん出てくるのだが、肉体は歌に詠むべきものではないと思っていた。肉体をどんどん詠むようになったのは明治以降である。石川啄木《いしかわたくぼく》の「働けど働けど猶《なお》わが生活《くらし》楽にならざりじっと手を見る」とか、与謝野晶子《よさのあきこ》の「やわ肌のあつき血潮にふれも見でさびしからずや道を説く君」という歌はいかにも近代歌人のもので、昔はなかった。

『源氏物語』にしてもそうである。紫式部《むらさきしきぶ》という人は『源氏物語』を五四帖《じょう》書いているが、その中に光源氏《ひかるげんじ》の容貌《ようぼう》については何一つ書いていない。「光源氏は光り輝くばかりに美しかった」「光源氏に会った女性はみな心を奪われた」というような、抽象的、間接的な表現だけで、読者にその美しさを想像させようとする。『源平盛衰記』にしてもそうで、那須与一《なすのよいち》という弓の名人が扇の的を射止める話。あそこで作者はどのように書いているかと言うと、「与一、そのころは二十歳ばかりの男なり」と年齢をまず書く。その次はすぐに服装に入ってしまう。「褐《かち》に赤地をもつて大領《おおくび》、端袖《はたそで》彩えたる直垂《ひたたれ》に」、つまりどのような鎧《よろい》を着て、どのような兜《かぶと》をかぶり、どういう弓を持ち……とこれが非常に詳しい。読む人はそのような服装を最初に思い浮かべ、それに合うような顔を勝手に想像する。これが日本式のようである。

日本人は肉体的なものを書き表すことを非常にいやがる。そういうことから平安朝の女流文学には「体」という言葉は一つも出てこない。男性と違って女性は体という言葉を使わなかった。それでは女性は体の代わりに何と言ったか。「身」と言ったのである。「我が身一つの秋にはあらねど」「身のいたづらになりぬべきかな」。「体」とは言わないで「身」と言った。これはなぜだろう。「体」と「身」とは意味が違うからである。体の方は胴体があって手足が生えている。でも「身」というのは着物を着ている。「みづくろい」などは着物の形を直すこと。「みなり」というのは着物を着た形ということである。つまり人間というのは着物を着ているものだ、という気持ちが日本人の間にはあったわけである。

日本語の中には美しい単語の一つとして「姿」という言葉がある。これは何かを着ていなければ姿にならない。「浴衣《ゆかた》姿」とか「花嫁姿」とか、みんな服装という意味が入っている。そういう表現に日本語の美しさがあるように私は思う。

日本人が得意なのは、肉体より心の問題ということも言える。知人にロボさんというスペイン人がいるが、彼は日本語が非常に上手である。その人が言うには、日本語の勉強をしていて一番難しいのは、漢字を覚えることでも、敬語を使い分けることでもない。「気」という言葉。この慣用句を使い分けることが一番難しいんだそうである。「気を利かせる」「気を遣う」「気がつく」「気兼ねする」「気ぶっせいである」、いくらでもある。これを日本人は子供でも簡単に使い分ける。しかし欧米人にはそのようなことはできないと言う。

日本人というのは常に人の気持ちを気にしながら生活している。そういう民族なので、気持ちを細かく言い分ける表現が発達したのだろう。こんなところも日本語の大きな魅力の一つと言えるのではないだろうか。

第2章

日本語に表れる日本人の性質

なぜ外国人に日本語を教えるのが難しいのか？

いま、日本語は世界中でブームだと言われている（あ、日本語の先生なのにブームなんていう英語を使ってしまった）。日本の国力が強くなったせいもあるかと思うが、日本語は非常に評判が良くて、勉強したいという人がいっぱいいる。そのためにいま、雨後の竹の子のように日本語学校というのが乱立し、日本語の先生が増えている。この日本語というのは、子供のころ別に苦労して覚えたという記憶はないと思う。だから外国人に日本語を教えることはやさしいことじゃないか、と思うかもしれないが、あらためて教えてみると難しいものがある。どうして難しいのかと言うと、日本人のような気持ちで話をするということが、外国人には難しいのである。

例えばアメリカ人の生徒がいる。その教室に行って話をするとしよう。今日は何の話をしようか。日本語の敬語の話をしてみようか。この前の講義でも敬語についてちょっと話をしたから、そのおさらいをしてみようと思って、こう話しかける。「みなさんは日本語の敬語について知っていますね」。アメリカ人の生徒は何と答えるか。

「先生は、先週敬語について話しましたから、私はよく知っています」とこう答える。日本人だったらこんな返事はしない。日本人は「〜だから」といったような理屈っぽい言い方はなるべくやめるようにする。相手が知っていることは、自分からは言わないようにする気持ちがある。

みなさんが勤めているところで、誰かが電車が故障して遅刻したとする。その人は勤め先に着いて何と言うだろう。「今日は電車が故障しましたから、私は遅刻しました」。けってそんな言い方はしない。もしそう言ったら、その人は自分が遅刻したことに正当な理由があると主張したことになる。電車が故障したことは、もうその勤め先では知っている。日本人だったらどう言うか。「電車が故障しました。申し訳ありません」。これが日本人らしい言い方である。

それから「私はこれをよく知っています」。こんな言い方も日本人はしない。そう言ったら、自慢しているように相手に取られてしまうからである。日本人は自慢するようなことは言うべきではないと思っている。もしも相手がそんなことは教わらなくてもいい、というのなら別だが、これから先生に教わるわけだから、「私はそういうことをよく知っています」なんてけっして言わない。日本人だったら何と言うだろう。「みなさんは日本語の敬語について知っていますね」「はい、先週教わりました」。これが日本人らしい答え方である。「先週教えていただきました」と言ったら、もっとすばらしい。日本人はそのように答えるのだよ、と教えることは、非常に難しい。アメリカ人に限らない。ヨーロッパ人についても同じである。日本の隣の国の中国人でさえも「先週教えていただきました」なんて答えはしない。なぜ日本人だけがそういう答え方をするのか、その理由をこれから少しお話ししてみたい。

はっきり言わない方がいい

日本人は言葉についてどういう考えを持っているか。日本人はなるべくしゃべらない方がいい、ものは言わない方がいい、という考えが根本にあると思う。

相撲を例に取ろう。二人の力士が土俵の上で組んずほぐれつ白熱戦をやっていて、最後に同時に土俵の外に飛び出すことがある。私などはどっちが勝ったかわからないが、行司というものは辛《つら》いもので、一応どちらかの力士に軍配を指さなくてはいけない。そうすると、審判がぞろぞろ土俵に上がってきて、いまの取り組みはどっちの方が先に足を出したとか、どっちはもう死に体になっていたとか、いろいろ話し合いをする。そのときにいまの勝負について一番関心を持っているのは誰か。審判役よりその勝負についての実際を知っているのは誰か。もちろんそれはいま取り組みをした力士自身である。しかしみんなが相談している間、その力士たちはどうしているか。自分の立つべき場所に立ったまま、一言も口を利こうとしないでいる。あれが日本人は好きなのである。もしあのとき、力士が上がってきて、「いまのはワシが勝ったんや。

この足跡をよう見てみい」と言ったら、いっぺんにその力士は人気を失ってしまう。もしかしたら二、三日土俵に出ることを禁止されるかもしれない。「私はいまの相撲の勝負については、いっさい意見を持っていません。すべて審判役の査定に従います」としている、あの態度が日本人は好きなのである。

アメリカから来た野球は違う。ピッチャーから球が来た。キャッチャーが受け取った。いまのはストライクに違いないと思ったところが、後ろにいたアンパイアがボールを宣告したために、そのバッターが三振にならないで、のこのこファーストに歩いていくと、キャッチャーが黙っていない。後ろのアンパイアを突き飛ばして、「いまのはストライクやないか。この球よう見てみい！」とすごい剣幕で怒鳴る。とにかく興奮して言いたいことを言っている。プロレスもそうである。負けた選手は黙っていないで、審判に食い下がる。自分の利益になることはあくまでも主張すべきだ。こういう気持ちが欧米人に強いのである。

よく日本の外交はヘタだと言われる。例えばロシアの人が日本に来て、北方領土の問題を話すことになる。でも日本人はなかなか自分の方から言い出さない。いつ言い出すか、向こうの出方を待っていようとする。そういうような態度が日本人の生活全般にある。日本の商社の人のものの言い方がヘタだという批評も受けるわけだが、日本人には昔からそういう傾向、自分の利益になるようなことは言わない方が奥ゆかしくていい、という考え方がある。

私に息子が二人いるが、下の方の息子はアメリカでしばらく暮らしていた。そして孫はアメリカの幼稚園に通っていたが、私は日本の教育の方がいいから、と日本に呼び寄せた。家の近所の幼稚園に行かせたが、あるときその園長さんにお目にかかった。すると「おたくのお孫さんは変わっていらっしゃいますね」と言うのである。どこが変わっているのかと聞くと、例えば「今日は歌の時間です。何とかの歌を歌いましょう」と言うと、ほかの子供たちは「はーい!」と賛成する。でもうちの孫だけは、「ボクはその歌は嫌いです」「ボクは何とかの歌を歌いたいです」と必ず反対して、自分の意見を言うと言う。どうも子供のときから自分の意見をはっきり言え、とアメリカの幼稚園では教えられているらしい。こっちの幼稚園の園長さんもお困りになっただろう。私もこういう子は小学校に行ったらきっといじめられるのではないか、と心配した。さいわい小学校に行くころには、普通の日本人になって、ほっとしたのだが、そういうような違いが欧米と日本にはある。

恩に着せるような言い方をしない

恩に着せるような言い方も日本人は嫌う。昔、私はこんな話を伊豆《いず》に住む人から聞いたことがある。

伊豆半島の真ん中には天城《あまぎ》山麓《さんろく》が尾根のようにあって、そこだけは、温暖な伊豆地方の中でも、冬は雪が降ったりする別世界である。昔はそこに気象の測候所があり、ふもとに住む男が毎朝山の上まで通って、百葉箱をのぞくのが日課だった。

ある冬のこと、その男が雪で真っ白になった山道を歩いていると、若い女性が倒れている。びっくりして駆け寄ると、体はもう冷たくなっていたが、かすかに心臓の鼓動が感じられた。大慌てでその人の体をこすり、自分のコートを着せかけ一番近い人家まで走った。懸命の救助作業の甲斐《かい》あってか、どうやらその女性は病院で息を吹き返し、助かったという。助けた人が後で様子を見にいくと、やはり女性は自殺をしようとしていたらしい。もう少し発見が遅れたら、間違いなく彼女は死ぬところだったのである。男性は自分が助けたことが果たして良かったのか、よくわからなかったが、とりあえず「助かって良かったですね」と声をかけた。

女性は疲れ果てた顔で、自分は芸者をしていたが、頼みにしていた男に袖《そで》にされ、生きる希望を失った。だから死のうと思ったけれど、こうして助かってみると、やはり生きていて良かったと思う、と言って「これはつまらないものですが、こんなものしかお礼に差し上げるものがありません。どうか受け取ってください」と、古びた足《た》袋《び》を差し出した。男性は困ってしまったが、どうしてもと言ってきかないので、とりあえずもらって帰ってきた。しかし使い古した足袋などもらっても、うれしいものではない。そのまま置きっぱなしにしていたが、その話を聞いた弟がやって来て足袋を見つけた。そしてしばらく見ていたが、「ちょっと預かるよ」と言って、持っていってしまった。間もなく帰ってくると「大変だ、この足袋はすごい価値のあるものだよ」と言う。なんと足袋のこはぜ、つまりとめ金の部分が純金だったというのだ。慌てて男は病院に駆けつけたが、そのときはもうその女性はどこかに立ち去った後だったという。

この話を聞いたとき、私はいかにも日本人らしい話だ、と思った。もしも欧米の話だったら、女性が足袋を渡すときに「これは一見古びていますが、こはぜの部分に純金を使っていますから、売れば相当な金額になるでしょう。けっしてあなたに損はさせません」とか何とか言うところである。しかし女性は「つまらないものですが」としか言わないのである。

日本人が相手にものを上げるとき、「つまらないものですが」とか、「粗品ですが」などと言うのを聞くと、外国の人はびっくりする。なぜつまらない物をわざわざ上げるのですか？　ということになる。しかしこれは相手の気持ちを考えた上でのことだ。日本人は物をもらうと、すぐに返さなくてはという気持ちになる。だから「そんな必要はないのですよ」ということを、つまらないものという言葉の中に隠しているのである。「何もございませんが、召し上がってください」という言い方も、これを食べても何も食べなかったのと同じだと思ってください、というやさしい気持ちの表れなのである。相手の心に負担をかける、恩に着せるような言い方を日本人は非常に嫌う傾向がある。

みなさんにもそういう経験はおありだろう。例えば家庭でも、この恩を着せない言い方を普段なさっているのである。亭主が仕事場で働いている。帰ってきたとき奥さんがお茶を入れる。お茶を入れて亭主のところに持ってくる。そのとき何と言うか。「あなた、お茶が入ったわよ」。これはすばらしい日本語である。「お茶が入ったわよ」と言っても、お茶は自然に入るものではない。お茶が入るためには、奥さんはお湯を沸かし、急須《きゅうす》にお茶の葉を入れ、お茶碗《ちゃわん》に注ぎ、適当なお茶菓子を添える。それだけの手間をかけているのである。

アメリカ人の奥さんだったら何と言うか。「私はあなたのためにお茶を入れたのよ」と言うだろう。あるいは「あなたのためにお茶が用意されている」と言うかもしれない。英語の先生に聞いたわけではないが、おそらくそういう言い方をする。そう言われたら亭主は黙っているわけにはいかない。「すまんな、ありがとう」とか言ってお茶を飲むことになるだろう。日本の奥さんはそういうことを言わない。「あなた、お茶が入ったわよ」と、まるで空から雨が降ってくるみたいに、お茶が自然に入っているように言うのである。これはすばらしい。だから日本の亭主は「ありがとう」なんて言わない。「うん」、これでおしまいである。こういうことはお茶に限らない。「あなた、お風呂《ふろ》が沸いているわよ」「あなた、ご飯ができたわよ」「布団が敷いてあるわよ」。全部自然にできているように、自分がしたということをいっさい言わない。これは日本人の修養である。相手に恩に着せるようなことは言わないことになっているのである。

言い訳することを潔しとしない

もう一つ言ってはいけないことになっているのは、言い訳である。

江戸時代の作家に井原西鶴《いはらさいかく》という人がいた。『武道伝来記』という武士道の世界のことを書いた物語の中にこんな話がある。ある藩中で、一人の藩士が何かのことで同僚に言いがかりをつけられた。

「貴殿は私の叔父《おじ》を何年前に何というところで闇討ちにした。私はその恨みを晴らしたいから、いついつどこどこで私と果たし合いをしろ」

言われた方は全然思いあたることがない。これは誤解に違いないと思ったが、「それは間違いだ」と言ったりすると、何か命を惜しんでいるように取られる。これは武士として最大の恥である。そこで「よろしい、引き受けました」と、全然心にもないことを引き受けてしまうのである。これをお殿様が聞いて――いまだったらそれが本当のことかどうか調べるところだが――お殿様は感激してしまった。自分に関係ない、思いあたらないことを言われても、弁解せずに命を捨てる覚悟をしている。天晴《あっぱ》れな武士である、というわけで、その勝負を実際にさせた、という話が載っている。つまりそのように言い訳をしない、潔い態度が日本人は好きなのである。

明治になって一番多くの人に愛読された小説は、尾崎紅葉《おざきこうよう》の『金色夜叉』であろう。この中で主人公の貫一《かんいち》とお宮《みや》は、将来の結婚を約束した恋人同士である。ところが富《とみ》山唯継《やまただつぐ》という金持ちが出てきて、お宮の美貌《びぼう》に惚《ほ》れ込み、お宮の両親に結婚させろ、と言ってきた。両親も迷う。お宮の一生のことを考えると、貫一のような貧乏学生の女房になるより、天下の富豪の富山家の奥様になる方が幸せだと思った。それで承知する代わり、貫一には気の毒だから、貫一にお金を出して洋行させてやろうということにした。そのころは洋行帰りといえば出世間違いなしなので、それがいいと思ったのである。ところが貫一は承知しない。お宮を熱海《あたみ》の海岸に呼び出して、あらん限りの罵倒《ばとう》、恨みを言う。

「貴様は俺の持っているこのまごころより、富山の持っている一片のダイヤモンドの方がいいと思っているのか。貴様は何という魂の腐り果てた人間だ」と、口をきわめて罵《ののし》るのだが、それに対してお宮はどう言うか。言っているせりふは二つしかないのである。「ひどいわ」という言葉と「あんまりだわ」という言葉だけで、後は貫一に罵倒され、足蹴《あしげ》にされているわけだから、気の毒だ。もしもお宮の気持ちを考えるなら、言いたいことは山とあったに違いない。
「私だって貫一さんが好きで、貫一さんのお嫁さんになる日を毎日待ちこがれていたけど、私には両親というものがある。この両親の世話にどれくらいなったかわからない。だからこの人たちの気持ちに私も従わなくてはいけないんです」とか言いたかっただろう。でももしもそのとき、お宮がそういうことを滔々《とうとう》と言ったらどういうことになったか。これを読んでいる読者は、言いたいことをべらべら言うお宮は嫌いだということになる。言いたいことを全部胸に秘めて、「ひどいわ」「あんまりだわ」とだけ言って恋人に去られる。そういうお宮が日本人は好きなのである。

弁解することがいけない、という風潮は戦争後も依然として続いている。例えば女性問題を暴露されて、すぐに総理大臣を辞めた方がいらした。あの人は全然弁解しなかった。「私の不徳の致すところでございます。申し訳ありませんでした」。あんなときにいくら弁解してもだめなのだ。日本人は弁解を聞かないし、嫌うのである。

英語の先生に一度伺ってみたいが、apologizeという単語がある。日本語の解釈として、「陳謝する」「弁解する」と辞書に書いてあるが、英語では謝ることと弁解することとは同じなのか。どうも私の感じるところでは区別がなさそうである。日本人は違う。「謝る」というのは、「私が悪うございました。すべてどのようなお仕置きでも

「私の方にも弁解したのでは日本人はあれも言言葉が非常に短くなる、

覚悟しております」。これが「謝る」である。「弁解する」というのは、「私の方にも言わせていただければ言いたいことがあります」というのがそれで、弁解したのでは謝ったことにならないと日本人は思っている。そんなところから、日本人はあれも言わない方がいい、これも言わない方がいい、ということで、言葉が非常に短くなる、というか短い言葉が好きである。

言葉をどんどん省略するのはなぜか

戦前のNHKのラジオ番組で、新年に「全国の鶯《うぐいす》の初音比べ」というものがあった。一番初めに九州の熊本放送局、それから四国の松山《まつやま》放送局、中国地方の広島放送局、と順番にそれぞれの都市の自慢の鶯をスタジオに連れてきて、マイクの前で鳴かせ、どこの鶯が一番良い声かを競わせるというわけである。

順番が大阪、名古屋《なごや》と回って、東京の番が来た。担当のアナウンサーは松内則三《まつうちのりぞう》さん。「さあ、鶯よ、鳴いてくれ」とやったが、さっきまであんなに良い声で鳴いていたのに、何が気に入らないのか全然鳴かない。鳴かない鶯を鳴かせるくらい難しいものはないそうで、棒で突っついたって鳴くものではない。時間は刻々と過ぎていく。松内さんは心臓を針で突かれるような思いだったそうだが、時間があと数秒というときになって、この鶯が一声だけ鳴いた。いままで黙っていた鶯が鳴いたものだから、ばかに良い声に聞こえたらしい。松内さんはそこですぐに俳句を作った。「一声千両、江戸鶯の初音かな、でございます。それでは次の仙台《せんだい》放送局さん、どうぞ」とバトンを渡した。あとでの評判は、東京の鶯が一番良い声だということだったそうだが、そんなはずはないので、たった一声しか鳴かなかった、そのことが良かったのだろう。

俳句の話が出てきたが、俳句というのは非常に日本的である。複雑な内容を一七音で言ってしまう。こんな芸術は世界にないと思う。日本人ならではの表現方法だろう。

与謝蕪村という人がこんな俳句を詠んでいる。

追剝《おいは》ぎを弟子に剃《そ》りけり秋の旅

徳の高いお坊さんが秋の山道を旅行していた。そこへ追い剝ぎが出てきた。「やい坊主、命が惜しくば身ぐるみはいで置いていけ」とおどかす。坊さんは「はいはい、私のこんなものが入りようならどうぞお取りください」と言って、着ているものをすっかり脱いで、みんな追い剝ぎにやってしまった。追い剝ぎの方はほくそ笑みながら、しばらく歩いたことだろう。しかし歩いてから考えた。俺は毎日人のものを奪って生活している。しかしかつてそれで満足したことはない。それに比べていまの坊主はどうだ。何一つものがなくなってもあのとおり安らかな気持ちでいられるではないか。

そう思ったとたん、坊さんが慕わしくなり、山道を引き返してきて「坊主、待て待て」と言ったから、坊さんは今度は命を取られるかと、内心恐かったかもしれない。でも追い剝ぎの態度は違っていた。坊さんの前に両手をついて謝ったのである。

「坊さん、さっきのあっしは悪うございました。これを全部お返しします。どうぞ今日から坊さんの弟子にしておくんなさい」。

坊さんは「ほうほう、それは奇特なことだ。私もちょうどお前のような人を弟子に持ちたいと思っていたところだ」と言って、その晩はおそらく近くの安宿に泊まったのだろう。荷物の中に剃刀《かみそり》があったということになるが、剃刀で追い剥ぎの頭を剃ってやった。秋の旅というから、宿屋の縁の下ではコオロギでも鳴いていたかもしれない。

そんな長い話が、たった一七文字の句で想像できてしまう。こういうことは日本人でなければできないことである。

旧制高校時代、私はドイツ語を少し勉強した。ドイツ語というのは妙に理屈っぽい。例えば日本語では、「ゆうべ、私は実験室に行きました。そこには誰もいませんでした」という言い方をする。しかしドイツ人にこう言うと、「それはおかしい、お前は嘘をついている」と言われてしまう。どこが嘘なのかわかるだろうか。「ゆうべ実験室に行った。そこには誰もいなかった」。ドイツの人に言わせると、「誰もいなかったはずはない。お前がいただろう」。それはそうだ。ではドイツ人は何と言うか。「私はゆうべ実験室に行った。そこには私以外誰もいなかった」。こう言わないと承知しないのである。

日本人は「提灯《ちょうちん》に火をつけた」と簡単に言うけれど、ドイツ人はびっくりする。「提灯に火をつけたら燃えてしまうではないか。提灯のろうそくに火をつけた、となぜ言わないのか」。そのくらい理屈っぽい。日本人は本当に物事を簡潔に言う名人かもしれない。

私は中国人に日本語を教えたことがある。中国人の漢文も非常に簡潔なので、日本語の簡潔な言い方を理解できるかと思ったのだが、そうでもないことがわかった。相当日本語のできる中国人の学生からこういう質問を受けたことがある。「私はカントを読んだ」と、これだけの文章の意味がわからないと言う。「ははあ、キミはカントを知らないのか。カントはドイツの有名な哲学者のことだ」と言ったら、「それは知っています。でもカントを読んだって、カントをどうすることですか」とこう聞くのである。「決まっているだろう。カントの哲学書を読んだっていう意味だ」と言うと、「そう書いてあればわかるけど、ただカントを読んだ、というだけでは意味がわからない」と言う。これを読んでおられるみなさんだったら、「漱石《そうせき》を読んだ」と言えば漱石の作品を読んだことに決まっていると思うだろう。しかし、外国の人はそのように察することができないのである。

アメリカ人は好奇心が強いから、すぐに質問してくる。「先生、私は昨日本屋に行きました。漱石の『坊っちゃん』はありますかと言ったら、『ございませんでした』と答えました。漱石の本がないのは現在のことです。それなら『ございません』と答えるのが正しくて、『ございませんでした』というのは間違いでしょう」。確かにそのとおり。でもこういう場合本屋さんが「ございません」と言うと、私たちなら何かそっけないと感じるだろう。「ございませんでした」と言われた方が日本人は気分がいいのである。なぜ気分がいいか、これが日本語のおもしろいところで、本屋さんはどういうことを言いたいかと言うと、「私としましては当然『坊っちゃん』を備えておるべきところでした。でも不注意で備えてありませんでした。申し訳ありません」。つまり「ございませんでした」と過去の形を使うことで、自分の不注意をわびているのである。それが相手の気持ちに伝わるわけで、過去形を使うことが大切になる。しかしこういったことを外国人に伝えるのは難しい。

日本人は「知らないんです」という言い方もするし、「知りません」という言い方もする。アメリカ人には、この二つの使い方の違いがわからない。「知りません」というのは I don't know である。でも「知らないんです」というのは言い方が違う。これはもっと長い言葉を略して言っているのである。つまりあの人は知らないんです、あの人は知らないんであのような間抜けなことをしてしまった。こう言うべきときに、相手がその人が間抜けなことを知っていると思うと、そこを省くのである。「知らないんで」とこう言って「す」を最後につける。

日本語にはこういう言い方がたくさんある。私はいつかアメリカ人と一緒に、上野（うえの）駅のホームにはいたことがあった。そうしたら青森の方から入ってきた列車の屋根に雪がいっぱい積もっていた。私はそれを見て思わず「ああ、寒いんだなあ」と言った。するとアメリカ人が「先生、寒いんですか」と聞く。私が「寒いなあ」と言ったのなら「風邪を引きましたか」でもいいのだが、私は「寒いんだなあ」と言ったのである。もしアメリカ人にわかるように言うなら、「青森の方は寒いので、列車の屋根にこんなに雪が積もっているんだなあ」と言わなくてはならない。日本人なら「寒いんだなあ」と言うと、そっちを向いて「本当だね」とこう答える。日本人はこんなに簡単にものを言っている。それだけ勘がいいということになるのかもしれない。

以前上智大学に勤めていたとき、可愛がっていた学生が、大分年がたってから訪ねてきたことがあった。中国人を連れてきて、「この人に日本語を教えてほしい」と言う。

「ところでキミは結婚したのかね」とその上智大の学生だった男に聞くと、「ええ、一応」と答えた。すると隣にいた中国人が「いまの、一応とはどういう意味ですか」と聞いてきた。これは難しい。この学生だった男の気持ちを説明すれば、こういうことになるだろう。

私は特に急いで結婚しようとは思わなかったけれど、男は一定の年齢になると結婚するように言われている。そこで結婚したんだけれども、結婚するんだったら本当は立派な結婚式場でたくさんの人を招いてしたかったんだが、私の家は貧しい、相手の女性も特別お金持ちではないので、ごく質素な結婚式をやった。先生にわざわざ紹介するような女性でもないし、またいつか別れるなんてことはないだろうけど、先生にご通知もしなくて申し訳ありませんでした。それだけのことを、「ええ、一応」という言葉で済ましている。それだけで相手にも通じてしまう。偉いものである。

ときには簡単すぎて、日本人でもおかしいと思うこともある。いつかテレビで清涼飲料水のコマーシャルをやっていた。「缶ごとぐっとお飲みください」というのだが、何だか喉《のど》につっかえそうな気がする。私の家でも家内が「あそこの角のお寿司《すし》屋さんはおいしいわよ」と言う。お寿司屋さんがおいしいと言っても、まさかお店をがりがり食べるわけではない。それでも意味が通じるのである。

これはみなさんも言っていると思うが、例えば食堂に入る。注文を取りにくる。そうすると「俺はウナギだ」なんて言っている。中にはヒゲの生えたウナギのような人もいるかもしれないが、アメリカ人の給仕だったら、笑うか驚くかするだろう。でも日本人の給仕は驚かない。「かしこまりました」と言って、注文の品ができたら持ってきて、「ウナギはどちら様でしょうか」と言っている。言われた人は「おう、俺だ」なんて言って食べている。あるいはお寿司屋さんに行って、バカ貝なんか注文したらおもしろいだろう。「だんな、何を握りましょうか」「うん、俺はバカだ」「バカには大バカと小バカがありますが」「うん、大バカの方だ」。こんなやりとりがあるかもしれない。それほど簡単にものを言っている。よく外国人から日本語は論理的ではない、と言われるが、確かに論理的でなくても意味が通じるのである。

私たちはよくこんな言い方をする。「お湯を沸かす」。そんなバカなことはない。あれは水を沸かすんじゃないか、お湯を沸かしたら、蒸気になってしまう。それから「ご飯を炊く」。これもおかしい。ご飯を炊いたら、お粥《かゆ》になってしまう。これは日本語ではよくある言い方である。野球の中継放送を見ていると、「山本、ホームランを打ちました！」とアナウンサーが言うが、山本が打ったのはピッチャーが投げたボールで、打った結果、ホームランになったのである。理屈ではそうだが、そんなことを言うアナウンサーは一人もいない。どうして言わないかというと、バッターが打つのはピッチャーが投げたボールに決まっているからだ。センターからバックホームしてきたボールを打つなんてことはありえない。打った結果どうしたかを言えばいいので、「ホームランを打ちました」とか「センターフライを打ち上げました」などと言うのが日本人の習慣である。

落語にはそうした日本人の言い方の習慣を逆手に取ったおもしろい話があるので、紹介しよう。

与太郎《よたろう》というあまり知能の高くない男がいる。これが年ごろになった。親というのはありがたいもので、早速お嫁さんを探そうとする。「与太郎や、そろそろお前も嫁をもらわなくてはいけないな」。与太郎は「一体誰の嫁をもらうんだ」と言う。親父は「バカだなあ。お前の嫁をもらうんだよ」。「お父さんは俺のことをバカだバカだと言うけど、お父さんこそ変なことを言うぞ。嫁をもらうったって、俺は嫁を持ってねえじゃねえか。持ってたとしても、それを自分のところへもらったって、何にもならねえじゃねえか」。これは与太郎の言うことももっともである。

嫁をもらうということを、与太郎はどう解釈したか。よそにいる文金高島田かなんか結っているお嫁さんをもらってくると考えたのである。実際はそうじゃない。本当はどこかの娘さんをもらってくるわけで、その結果お嫁さんができるのである。娘をもらってきても与太郎の嫁にしなくては何にもならない。与太郎の義理の妹にしても仕方がない。また、誰かの娘でなくても、誰かの妹でもいい。どこかのおっかさんではダメだが、とにかく適当な娘をもらってきて、与太郎の嫁にすればいいのだ。この「嫁をもらう」という言い方も、ご飯を炊く、お湯を沸かす、ホームランを打つ、みんな同じ類《たぐい》のもので、日本人は簡潔な言い方を好む傾向があるということである。

話しべたな方が好感を持たれる

日本の歴史を読んでいるとおもしろいのは、雄弁なことで評判の高かった人、というのは一人もいない。英雄というのは保元《ほうげん》の乱の源為朝《みなもとのためとも》、征韓論の西郷隆盛《さいごうたかもり》など議論をすると負けてしまう方に人気がある。源頼朝《よりとも》の重臣だった梶原景時《かじわらかげとき》なんて人気がない。最近になって初めて、勝海舟《かつかいしゅう》が雄弁だったとか、福沢諭吉《ふくざわゆきち》が演説が上手だったとか評価されてきたが、戦前はそういうことがなかった。

訥弁《とつべん》で一番有名な話は、西郷従道《つぐみち》、隆盛の一番末の弟だそうだが、この人は西南《せいなん》の役のとき、兄貴には従わず、明治政府に残った。そして最後は海軍大臣になる。アメリカに行ったとき、海軍大臣が来たということで大歓迎を受けたそうだが、歓迎会の席上でアメリカの代表から「今日は日本からわざわざ海軍大臣が来てくれて大変うれしい。ぜひ一言、スピーチを」と言われた。西郷従道さんはそのような席上で、何か話した経験がない。またほかの人がそのようなときに話すのを聞いた経験もない。立ち上がってみたものの、何を話したらいいか見当もつかない。脇にいた通訳に「通訳どん、わしはこげんなこと初めてやるけん、どうしていいかさっぱりわからん。よかこつやってくれ」と言って座ってしまったという。

困ったのは通訳である。そこで「今日は私のためにこのような会を開いていただいてありがたい。これは私一人が感謝すべきことではなくて、日本国民がすべて感謝すべきことだと思います」というようなことを、二分くらいしゃべって座った。それを聞いたアメリカ人は何という感想を持ったかというと、日本語というのはあんなに短く言っただけであんなに長い内容のことを言っている、何と神秘的な言葉だと思われた。そうした話が日本に伝わっても、西郷の口べたを悪く言う人はいない。かえっておもしろい奴だという評判が立つ。

日本ではどうも弁論は好まれなかった。中国では張儀《ちょうぎ》という人がいる。ギリシャではデモステネス。弁論によって一国の運命を救ったという人もいるが、日本にはなかなかそうした人は現れない。漱石の「坊っちゃん」なんかは、弁論のへたなことで代表的な人だろう。職員会議で立ち上がっても、一言もまとまったことを言えない。そこへいくと教頭だとか校長だとかはいろいろ言える。たぬきや赤シャツはべらべらしゃべるけれど、そういう登場人物は好かれない。坊っちゃんは言葉がダメとなると、暴力に訴える。あれはよくない。話が脱線するが、もしかしたらこの前の戦争のとき、

「日本は外交がへただ。だからこのままでは向こうの言いなりになってしまう。戦争なら日本は強いんだ。いっそ戦争という手段に訴えてしまおう」と思った上層部の人がいたかもしれない。そうだったら大変なことである。

挨拶は丁寧すぎる方が好まれる

話は簡単な方がいい。できればしない方がいい。するなら少し論理的に飛躍していてもかまわない。話はへたな方がいい。こういう傾向が日本人にはあると言ったが、例外はどんなことにもある。

日本人のものの言い方で例外は挨拶《あいさつ》である。これだけは長い方がいい、行き届かなければいけない、と日本人は思っていた。みなさんも結婚披露宴の席に行かれたことが何度もあると思うが、まず仲人《なこうど》が今日の新郎は、今日の新婦は、と紹介を始める。その次は新郎の会社の上司、部長みたいな人が新郎のことを誉める。

それから新婦側の主賓が立って、新婦のことを誉めるわけだが、私の時代、新婦はしばしば家庭にいて勤め先を持っていることが少なかった。そのとき誰が新婦の方を代表するかというと、新婦の父親と小さいころから無二の親友か何かで、社会のある方面で相当地位のある人、なんていう方が出てくる。聞いていると、「私は今日の新婦の父親とは子供のときから無二の親友でありまして、朝は六時におきて学校まで二里の道を歩いたものであります」。ながながと新婦の父親との友情をはぐくんだ話が始まる。もうそのときはテーブルの上にはご馳走《ちそう》が並べられていて、来ている人はあの話が終わったらご馳走を食べられる、と話が終わるのを心待ちにしているが、これが長い。一〇分、二〇分と続いて、いつ新婦の話になるんだろうとひたすら待ち続けることになる。それがやっと済んだとき、その人は何と言うか。「以上ははなはだ簡単ではありますが……」。短いといけないと思っているのだ。これが日本人なのである。

やくざに仁義をきる、というのがあるがこれも長い。「おひかえなすって、おひかえなすって。手前、はっしまするは関東でござんす。関東と言ってもひろうござんす。関東は上州高崎《じょうしゅうたかさき》でござんす」と、あれは一〇分くらい続く。つまり日本人には、挨拶は長くなくてはならない、という気持ちがある。それでないと失礼だと思うのである。

日本人の間には、和という精神、これが一番大切にしなくてはいけないことだという教えがある。ご承知のとおり聖徳太子《しょうとくたいし》という人が昔十七条憲法というものを発した。あの第一条には何と書いてあるか。「和をもって貴しと為《な》し」。人と仲良くすること。同じ意見を持つこと。これが一番必要だというのが日本人の考えの根底にある。

外国人が日本に来て、日本人の会話を聞くと、一番耳につくのが「ね」という言葉だと言う。「今日はずいぶんたくさんの人が来ましたね」とか「今日は天気がよかったですね」とか、何かと「ね」をつける。あの「ね」は何という意味ですか、と聞かれたことがある。日本人はわかる。「今日はたくさんの人が来たと思っております。あなたも同じでしょう」。つまり「あなたと同じ気持ちです」ということを私たちは会話をするごとに繰り返している。地方によっては「ね」の代わりに「のう」と言ったり「なあ」と言ったり、松山では「なもし」と言ったり、名古屋では「なも」と言ったりする。九州では「なんた」「のんた」とか言う地方もある。「あなたと同じ気持ちです」ということを繰り返し繰り返し言うことで、相手に対する軽い尊敬の気持ちを表している。だから挨拶ということが非常に大切なのである。

アメリカ人が日本にやって来ると、日本人の挨拶はうるさくて仕方がない、と思うようだ。例えば思いがけないところで知っている人とバッタリ会う。「どちらにお出かけですか」と尋ねる。アメリカ人はうるさいと思う。「どこに行こうと俺の勝手だ。俺の秘密を探ろうとしているのだろうか」。日本人は何もそういうつもりではない。「こんなところでお目にかかるとは思いがけないことだ。あなたの身の上に何か大変なことがおこったのではないだろうか。もしそうだったら、一緒に心配してあげましょう」とこういう気持ちで聞くわけである。だから訊《き》かれた方も正直に「いまちょっとお金がなくて、銀行にお金を借りにいくところです」なんて言う必要はない。相手にご心配にはおよびませんよ、ということを伝えればいいのだ。そこで何と言うか。「ちょっとそこまで」。これでおしまいである。

「先日は失礼しました」。これもよく私たちが口にする挨拶である。アメリカ人はビックリする。「確かに先日この男に会った。しかしそのときにこの男は俺に何にも悪いことはしていない。するとこの男は、俺の知らない間にとんだことをしてくれたのではないか」と心配になるという。日本人の気持ちはそうではない。「先日は失礼しました」と言ったら、「先日あなたにお目にかかった。私としては失礼なことをした覚えはないけど、私は不注意な人間である。もしかしたら失礼なことをしたかもしれない。もしそうだったらお詫《わ》びする」。こういうことを言っている。そういう言葉でもわかるように、私たちは謝ることが非常に好きである。感謝することよりも、謝ることを尊ぶ。

みなさんがバスに乗っている。おばあさんが乗ってきた。誰かが席を譲る。おばあさんは何と言うか。「ありがとうございます」とお礼を言う人もいるが、「すみませんねえ」と謝る人の方が多いだろう。おばあさんの気持ちはこうである。「私がもし乗ってこなければ、あなたは座っていられた。私が乗ってきたばかりにあなたは立たなくてはならない。すみません」とこういう論理で、日本人は謝ることを非常に喜ぶ。

　アメリカで暮らしていた次男の話の続きだが、次男の家にいるお手伝いさんが台所で働いていて、手からコップが滑り落ち割れてしまった。日本人ならこういうときは「私がコップを割りました」と言う。でもアメリカの人はけっしてこういうことは言わないそうだ。「グラスが割れたよ」と言ってきた。「お前が割ったんじゃないか、なぜ自分が割ったと言わないのか」と言ったら、ビックリしていたという。英語で「私がコップを割った」というとどういう意味になるか。壁か何かにコップをわざとぶつけて割った、という意味になってしまうようだ。トンカチなんかでコップをたたけば割れる。そういうときに「私がコップを割った」と言う。コップがあやまって手から滑って割れたときはコップが割れたんであって、私が割ったんじゃない、と頑張るそうだ。理屈を言えば確かにそうである。

　ヨーロッパ人ばかりいるところで、こういう話をしたら、アメリカ人と全く同じ反応をした。彼等もそういうときは「コップを割りました」とは言わない、「コップが割れた」と言うと言う。それで私は中国人にも聞いてみた。中国人は日本と近いから日本人と同じ表現をするかと思ったのだが、彼等もコップが手から滑り落ちて割れたのはコップが割れたんであって、私が割ったのではない。だから「私がコップを割りました」とは言わないと言うのである。もしかしたらそういう言い方をするのは、日本人だけかもしれない。これはすばらしいことではないだろうか。

なぜ日本人に限っては、手から滑り落ちたコップに対して「私が割った」と言うか。これは日本人の責任感だと思う。つまり日本人はこう考えるのである。自分の手からコップが滑り落ちて割れたのは、自分が油断していたからだ。自分がしっかりしていたならばこのコップは割れなかった。自分がうっかりしていたからコップが割れた。このことの責任は自分にある。だから「コップを割りました」という言い方になるのである。こういう考え方は日本人の美徳であると私は考える。

ぼかした言い方をするわけ

こうした日本人の特別な言い方はほかにもある。はっきりした断定を避ける、という言い方である。

買い物に行くと、店の人に「このミカンを、千円ばかりください」と言う。千円ばかりというのは、およそ千円という意味だ。しかしはっきり千円買うのである。それでも千円ばかり、とぼかす。「あなたはどちらにお住まいですか」「博多《はかた》の方に住んでいます」。博多に住んでいるのである。それなのに博多の方角、という答え方をしている。どうしてはっきり言わないのか。はっきり言うと角が立つと思っているのか。日本人はそういう言い方がとても好きである。

また、街で誰かとバッタリ会った。「ちょっとコーヒーでも飲まないか」。こういう場合、英語ではこの「でも」にあたる言葉はないという。「でも」をつけないとどうなるか。「コーヒーを飲まないか」と言うとどうなるか。飲むのはコーヒーに限られてしまう。コーヒーがいやだったら、紅茶にしてもかまわない、何か一緒に飲んで話でもしましょう、という気持ちで「でも」をつけるのである。このあたりは非常に日本人的なものの言い方だと思う。もっとも論文なんかを書く場合、欧米の学者は「日本の学者は臆病《おくびょう》なものの言い方しかしない」と非難する。「そうなんではなかろうか」「そうではないかと思う」など、つい断定を避けてしまう。欧米の学者は「そうだ」とはっきり言いきる。

私は大学で橋本進吉《はしもとしんきち》という博士に国語学を学んで卒業したが、この橋本さんがそういうぼかした言い方をなさる方だった。「そうでありうべきはずである」。「ありう」でぼかし、「べき」でぼかし、「はずである」でぼかして、合計三回ぼかすのである。しかし、それが評判が良かった。あのはっきり断定しないところが学者らしい慎重な態度だと言われたのである。私が結婚したときに、主賓としてお招きして挨拶をお願いしたことがあった。そういうときでも断定をなさらない。

「ああ、今日の新郎の春彦君は、私が見ている限りでは、比較的勉強家の方のようであるから、同君がこの状態で一〇年二〇年と勉学を続けられることがあると仮定するならば、同君が日本で有数の学者の一人に数えられているかもしれないと言ったとしても、あながち誇張ではないのではないだろうか」

私の家内はいまでもそのときのことを覚えていて、「あなたはずいぶん橋本先生に信用がないのね」と言う。あれは橋本先生のクセなんだと言ってもダメである。でもそういう人は女性を口説くのもへたかもしれない。「私があなたを生涯愛すべきことはありうべきはずである」なんて言ったら、たいてい逃げられてしまうと思う。でも一度橋本先生のおたくをお訪ねしたら、大変きれいな奥様が出ていらした。こういう方も女性を口説くときだけは、断定的な言葉づかいをなさったのかもしれない。

日本語にはそういう傾向がある。表面から言わないで、裏から言うのが好きなのである。打ち消しで表現することが多い。「私はこれしかできません」。これを英語では何と言うか。「これが私のできるすべてである」。この方が偉そうである。「あの人に限ってこんなこと絶対しないよ」。日本人は否定的に言う。英語だったら「あの人はこのことをする最後の人である」と言う。「空《す》きっ腹にまずいものはない」と日本語では否定的に言うが、英語だと「空腹は最良のソースなり」と肯定的に来る。

終戦直後私は文部省にいて、当時のアメリカの文部省の出張所みたいなところにいる人と、戦後の新しい教科書について相談していた。向こうは新しい教科書について、片っ端から吟味する。これは封建精神をうたっているからダメだとか。私も向こうの意向はわかっているから、良さそうなものを選んでいたが、なかなかオーケーと言わない。そのうち、日本にも良い詩があるだろう。高等学校の国語の教科書にいいような詩を探してこい、ということになった。私たちが、これならば文句がないだろうと自信を持って提出したのが、みなさんもご存じの島崎藤村《しまざきとうそん》の「千曲川旅情の歌」だった。「小諸《こもろ》なる古城のほとり雲白く遊子悲しむ」という詩である。アメリカ人は日本語がわからないから、丁寧に英訳して持っていった。

彼は顔をしかめて英訳したものを読んでいたが、読み終わって何と言ったか。「これは何にも書いてない詩ですね」。どうしてそんなことを言われたのか。英語になって初めて私も気がついたのだが、非常に打ち消しが多い。例えば「緑なす蘩蔞《はこべ》は萌《も》えず」「若草も藉《し》くによしなし」と打ち消す。「あたたかき光はあれど」はまあいいとして、「野に満つる香も知らず」。何か頭に思い浮かべようとすると、そんなものはない、そんなものはない、の連続で、結局何も残らないと言うのである。「緑なす蘩蔞は萌えず」は、蘩蔞はつまらない雑草だけれど、それさえもないというので、土だけの裸の畑を日本人は想像できるようになっている。これはやはり日本人とアメリカ人の違いだろうか。私の父は子供のころ、「勇敢なる水兵」という歌を教えてくれたが、いま思えばひどい歌を教えてくれたものである。日清《にっしん》戦争のときの軍歌だが「煙も見えず雲もなく風も起らず、浪立たず」。何もないということ。しかし、これでも日本人はちゃんと理解したのである。

日本人は察しのいい民族

さてその終戦直後の話の続きだが、アメリカ人が文部省の張り紙を見て、怒ったことがあった。何と書いてあったかと言うと「このドア使用禁止」と書かれていた。「これじゃあどうしていいかわからない」と言うのである。アメリカではどう書くのか、と聞いたら、相手はあたり前じゃないか、という顔をして「もう一つのドアをお使いください」。こう書くんだと言う。確かにその方が親切である。でも日本人だったら、「このドア使用禁止」という張り紙を見て、ほかのドアを探す。そのくらい違う。

日本人は読みが深いというか、察しがいいというか、裏の理解がうまいのである。日本人は逆なことを言ってもちゃんとわかってしまう。先ほどの『金色夜叉』だが、あの中に貫一とお宮が富山家のカルタ会に呼ばれて帰ってくる場面がある。冬の寒い夜道を二人で肩を並べて帰ってくる。貫一にとっては一番幸せなときであったが、貫一が何を言っても、お宮は「いやだわ」と言うのである。

「富山って男は、指に大きなダイヤモンドをしていた。宮さん、あんなのが好きなんだろう」

「いやだわ、あんなの大嫌い」

「おお寒い寒い。宮さんのマントの中に入れてもらおうかな」

「いやだわ、私恥ずかしいわ」

何でも「いやだわ」と言うわけだが、この「いやだわ」は、本当の「いやだわ」、こっちは嘘の「いやだわ」、と貫一はちゃんと理解して、話を続けている。日本人はそうした裏の理解が非常に上手なのである。

題名は忘れたが、漱石の小説の中に、幼なじみの二人が四畳半の部屋で、こたつで差し向かいになって話している場面がある。二人の間には淡い思いが芽生え始めている。男が切り出した。「ボクはきみちゃんが好きだ。ボクのお嫁さんにならないか」。きみちゃんは何と答えたか。「あたし、あなたなんか嫌いよ」。さっと縁側に出て、障子を閉めてから、「いまの嘘よ」と言った。いまの若い人が聞いたら、最後の言葉を聞き逃したら大変なことになりはしないかと思うかもしれない。でもそんな心配はいらないのである。子供のころから知っている人の、そのときの表情、顔つき、言葉の使い方で、本当に嫌いか、そうではないのかわかる。日本人にはそういう特技がある。

例えば自分が出かけているとき、留守にお客さんが来る。留守を守っている家族は「いまちょっと出ておりますが、しばらくお待ちください」と答えたとする。アメリカ人だったら「そのしばらくっていうのは何分間くらいですか」と聞くだろう。日本人なら見当をつける。相手の表情を見てまず察しをつけるのだ。迷惑そうな顔をしているかどうか。その次は言葉で読みとる。その人の言葉つきで、しばらく待った方がいいのか、また出直した方がいいのか、見当をつけるのである。「いまちょっと出ておりますが」と言ったら、これはすぐに帰ってきそうだ。「いま、ちょっと、出ておりますから」と言ったら、なかなか帰ってきそうもなさそうと思う。こういう違いはアメリカ人に話しても、なかなか理解してもらえそうにない。「字に書けば一緒です」と言う。

日本人は、その人の顔つき、声の調子で時間がどれくらいかかるかわかる。小さいときからそういう習慣に慣れているのである。例えばお母さんが、子供をおいて家を出ていこうとする。お母さんが「じゃあ、ちょっと行ってくるわよ」と言う。英語だったら I am going とちゃんと主語を入れて言う。でも日本の子供は「行ってくるわよ」だけで、お母さんが出かけるんだな、とわかるようになっている。

菊池寛《きくちかん》という作家がいた。あの人は四国の高松《たかまつ》の出身で、一高、いまの東大教養学部に入った。でも家が貧しいから、友達の芥川龍之介《あくたがわりゅうのすけ》なんかは洋食を食べるが、一番安い麺類《めんるい》を食べにいっていた。そば屋に行くと、一番安いのは「モリカケ一〇銭」と書いてある。四国出身の菊池寛にとっては意味がよくわからなかったが、これはモリが一〇銭、カケが一〇銭という意味である。それでその店に行って「おい、モリカケをくれ」と言った。しかし、そば屋の主人は「モリカケなんてそんなものはありません」と野暮なことは言わない。「へい」と言って必ずうどんカケを持ってきたそうである。この話を後で菊池寛は自叙伝の中で紹介し、このそば屋の主人の察しの良さを激賞している。おそらくこの主人はこう考えたのだろう。「モリカケを持ってこい」ということは、この人は東京の人ではない。しかも言葉には関西訛《なまり》がある。してみると、そばのカケより、うどんのカケのほうがいいだろうと思って、うどんカケを持ってきたんだろう、と書いている。

ユダヤ人からこんな話を聞いたことがある。あるときお客さんが来る。お客さんは煙草に火をつけて、「奥さん、灰皿はありませんか」と言う。日本人だったら「家のものが吸わないものですから、気がつかなくてご免なさい」と言って、あわてて探して持ってくるだろう。ユダヤ人の奥さんは「灰皿ないですか」と言われると、「あなたにそれは必要か」と言うらしい。随分間が抜けていると思うが、相手が煙草に火をつけたら、灰皿をすぐに探す。相手のことを理解しようとする、そういう性質が日本人にはある。

私は一度だけヨーロッパに行ったことがある。イギリス、ドイツ、フランス、イタリアのホテルに泊まった。そこにはボーイさんがいて、何か頼めばやってくれることになっているが、言葉が通じない。「I beg your pardon（すみませんが、もう一度お願いします）」ばかり言われて困った。旅の帰り道、最後にタイのバンコックに泊まった。ホテルのボーイさんは少し英語がわかると言う。私はバンコックの地図が欲しいと頼んだ。ボーイさんは目がくりくりした可愛い少年で、すぐに「オーケー」と言うと部屋を飛び出していく。こんな感じのいいボーイさんはヨーロッパにはいない。私の英語が通じたのか、随分勘のいい少年だな、と思って待っていたら、私の全然必要のないタイのお土産を持って帰ってきた。そこで私の必要なのは、バンコックの地図だと言った。するとボーイさんはまた「オーケー」と言って、今度はさっき私が磨いてくれと頼んだ靴を持ってきた。

私はこれを見て可愛いと思った。そして考え方が日本人と同じだという気がした。日本人は明治のころ、欧米人からイエスマンだと言われた。イエスマンとはどういう意味かと言うと、口だけで「イエス」と言いながら、ちっとも実行しないことである。

私はタイの少年を見てわかった。明治のころたくさんの外国人がやって来た。日本人には外国人の話す言葉がよくわからない。しかし理解できなくても、この人は何を求めているか勘でわかる。そしてそのとおりにしてあげる。そうすると相手は、英語がわかるんだ、ドイツ語がわかるんだ、と勝手に解釈する。言葉なんかわからなくても相手のしてほしいことはわかる。しかしいくら日本人でも、あんまり突飛なことを言われたらわからない。だから口だけで「イエス」とか「オーケー」とか言いながら、そのことをしないことがある。外国の人はそういうことだけ覚えていて、日本人はイエスマンだ、ということになった。日本人はわからないことでも、わかったような顔をしてイエス、と返事をすることで、欧米人からイエスマンと言われるようになったのだと思うのである。

結局日本語というものにはいろいろ不完全なところが多く、日本人はそのような言葉を使いながら、おたがいに理解し合える民族なのだろう。確かに反省すべき点も多いけれど、非常に好ましい性格だと私は思っている。

第3章

言葉の知識を増やす

日本語の個性

日本の暦と季節感

日本の暦をめくっていると、季節を表す日がたくさん書かれている。二月には節分があるが、それをもとにして五月には八八日目を「八十八夜」といって種蒔《たねま》きにいい日と言い伝えられている日がある。六月には「入梅」という日が一一日ごろにあって、これが梅雨《ばいう》が降り始める日になる。七月になると一〇日ごろは、「半夏生《はんげしょう》」という日があって、これは梅雨《つゆ》が明ける日とされている。八月に入ると「土用の入り」、九月には「二百十日」という、台風の特異日なので要心せよという日がある。

アメリカの暦を見ると、こういう季節に関係した日はあまりない。今日はキリストが生まれた日だとか、今日はアメリカ合衆国が独立した日だとか、人間に関することが多く、あるとしたら秋の収穫感謝祭くらいだろうか。

日本の暦に季節の節目を表す言葉が多いのは、日本人は季節の変化をはっきりと受けて生活しているからだろう。日本では、子供や女性向けの雑誌など、四月号を開くと桜の花や菜の花の絵がたくさん出てきて、夏の号には山登りや海水浴の写真が載っている。欧米にはこういう季節に対する考慮というものが果たしてあるのだろうか。戦争直後、アメリカの学校の教科書を見たが、二学期の初めの夏のころに勉強するところにスキーの文章があったり、冬に勉強するところに波乗りをしている絵が描いてあったりで、季節感はほとんどゼロだった。

日本では、女性の着物の柄でも常に着る季節を考慮して、六月ごろはあやめや百合《ゆり》の柄を選び、秋は菊や紅葉の柄のものが適当だとされる。もっとも欧米人の服装に関しては、モーニングとかイブニングとか一日の中での時間の変化には重きをおく。インドへ行ったら、朝演奏する音楽、昼演奏する音楽、と違っていた。これは一日の気候の変化が日本の四季のように変化するからだろうか。

七・五調を好むわけ

最近は正月に『百人一首』をやるという家庭も少なくなっただろうが、私が子供のころはどこの家庭でも、畳の上に札を広げたものだった。そのときだけはおしろいの匂いのする着飾った娘さんが隣に座り、嬌声《きょうせい》を上げながら札を取るのを見て、何となくドキドキしたものだ。また、私がおはこにしていたのは「恋すてふ我が名はまだき立ちにけりひと知れずこそ思ひ染めしか」というもので、それを目の色を変えて取ったら、「まあ、ませた子ねえ」と笑われた。まだ歌の意味さえ知らずに覚えていたのである。

さて和歌はこの歌のように、五・七・五・七・七という組み合わせからなる。しかし、中には出だしが六文字のものもある。例えば「田子《たご》の浦《うら》にうちいでて見れば白妙《しろたえ》の富士の高嶺《たかね》に雪は降りつつ」とか「巡りあひて見しやそれともわかぬ間に雲隠れにし夜半《よわ》の月かな」「こころあてに折らばや折らむ初霜の置きまどはせる白菊のはな」といった句だ。これらの冒頭の六文字の部分を分けると、五と一に分かれる。「田子の浦」で五、「に」で一。「巡りあひ」で五、「て」で一。「こころあて」も本来これだけで一つの意味を持ち、これに「に」がくっついたものと解釈されるのだ。二と四といった分け方にはなっていない。

つまり和歌というのは、つねに七と五と三という奇数の組み合わせから成立している。これは日本の歌だけでなく、琉球《りゅうきゅう》に伝わる琉歌というのもやはり同じである。韓国に行くと「アリラン、アリラン、アーラーリーヨ」という歌に代表されるように、三拍子の歌が多い。また中国では七言絶句、五言絶句というように、同じように奇数の組み合わせを尊ぶ。どうやら奇数で詩歌を構成するというのは、アジア全体の好みであるらしい。

なぜそうなるのであろうか。

日本の詩歌に関して言えば、日本語は英語のように強弱のリズムがない。だから詩歌のようなリズムを尊ぶものを作るときには、長短の組み合わせでいくしかない。二文字から成るものが長、一文字から成るものが短で、その組み合わせで詩を作ろうとしたのであろう。

これが例えば四ばかりの組み合わせでいくと、「金毘羅《こんぴら》ふねふね追い手に帆掛けてシュラシュシュシュ……」のように際限がなくなってしまう。歌に締まりがなくなるのである。

明治になって、新しい試みとして六・四調の歌も作られた。例えば「うさぎ追いしかの山、小鮒《こぶな》釣りしかの川」などはその典型である。しかし結局、長続きしなかった。やはり私たちは「山のあなたの空遠く、幸いすむと人のいう」という調子の方が覚えやすく、口ずさみやすいのである。

最近の歌は七・五調もなく、六・四調もなく、ただダラダラと長いだけだ。だから全く覚えられず、すぐに忘れられてしまうのだ、というのは老人のひがみだろうか。

雪の呼び方

雪の本場といえば何といっても新潟県、越後《えちご》だろう。ここには雪の種類を表す名前が、驚くほどたくさんある。まず秋も深まったころ、一夜明けてみると越後三山あたりの高山の頂きのあたりが真っ白になっている。これを「ダケマワリ」と言い、いよいよ冬将軍の到来かと気を引き締める。

やがて冬になると空気の冷たい日が続き、ときには雪が里にも降り始める。これと前後して「アラレ」が降り、また日ならずして「ミゾレ」が降るが、これは地方により「シブタレユキ」とも言うとか。そのうちに細かい「コナユキ」や「モチユキ」という雪が降り出す。「モチユキ」というのは手で握ると丸くなってかたまってしまう粒子の細かい雪で、これは一度に一メートルも積もる。それが三日も四日も降り続くと外へ出られなくなるので、その前に山に行って薪《まき》を集め、家の中に運び込まなくてはならない。そして豪雪が続けば、暖をとるために家の中にとっておいた燃えるものを全部かまどへくべてしまう。そういう恐るべき雪を「ハシゴオトシ」と言うそうだが、大切な梯子《はしご》を薪にしたら、その後はさぞ困ることだろう。そんな雪が続いた後「ボタンユキ」が降る。これは東京でも使う言葉だが、ヒラヒラと花びらのように降ってくる雪で、湿気が多く解けやすい雪である。

少し春が近づいてくると越後でも雪を恐い存在とは考えなくなる。春の雪には「ガンノメカクシ」という異名もあるが、北方に帰っていく雁《がん》の上に降って、雁の視野を妨げるような雪という意味であろう。越後人もなかなか風流な名前をつけるものである。

鬼の役割

二月三日は節分。この日の夜は、昔から豆まきを行って「福は内、鬼は外」と叫ぶ習わしがある。福を内に呼び込むと同時に、家の中にひそんでいる鬼を外に追放するというわけだが、元来鬼は「羅生門《らしようもん》」にいて、通る人をとり殺したという最も恐るべき怪物で、欧米でいえばデーモン（悪魔）である。その鬼が大豆の煎《い》ったものをぶつけられて逃げ回るとは、何とも弱い存在と言わなくてはならない。

日本ではよく学校などで、「赤鬼」とか「青鬼」とかいうあだ名の先生が一人か二人いるものだが、そういう人たちは簡単にそれを認め、その人の前でそのあだ名を言っても、言われた方もけろりとしているが、欧米でデーモンのような人だと形容されたら、言われた人は黙っていないだろう。

日本ではもともと「神様」という言葉でも、人間とそんなにかけ離れている存在とは思わずに、大変親しみを持って呼んでいる。「野球の神様」「受験の神様」などと何にでも神様の名前をつけてしまうのもその現れだろう。

鬼と言われるものの中にも、「土俵の鬼」「小説の鬼」「仕事の鬼」などいろいろあるが、みな人間の呼び名である。「来年のことを言うと鬼が笑う」と言われるところをみると、人間と同じように鬼も冗談に対して笑ったりする寛大さを持っているようだし、「鬼も十八、番茶も出花」という言葉があるところをみると、鬼も年ごろには人並みにお化粧をしたり、恥ずかしがったりするものと考えてよさそうである。

江戸時代の笑い話に、節分の豆まきのとき、豆をまく人があわてた拍子に言葉がつっかえてしまい、「おっ、おっ、おには、おには……」などとやっていたら、玄関から外に出かかっていた鬼が引き返してきて、「おい、どっちにするか早く言ってくれ」とせきたてたという話がある。日本人にとって鬼はまことに愛すべき、親しむべき存在なのである。

経を読むウグイス

最近はバードウォッチングと言うのか、鳥の生態を観察するのが流行しているとか。庭にエサ台を作って、ウグイスなどが飛んでくるのを楽しむ人も多い。

ところで、ウグイスが鳴くことを「経を読む」と表現する。ホトトギスやヒバリは「名乗る」。クイナは「たたく」。そしてニワトリは「時を告げる」である。鳥が鳴くさまを、こんなにさまざまな言い方で表現するのは、日本語くらいではなかろうか。

もちろん英語でもハトは「coo」、フクロウは「hoot」といった表現がされるが、それらは鳴き声をそのまま動詞化したもので、「経を読む」などと、人間のやることのように擬人化した表現ではない。

おもしろいのは家畜類が鳴くときの言い方で、日本語では猫も牛も「鳴く」としか言わないが、英語では犬は「bark」、猫は「mew」。馬は「heigh」、ヤギは「bleat」と区別する。中でも傑作なのは牛で、雄牛は「bellow」、雌牛は「moo」。私などは何回聞いても、オスもメスも同じように「モーォ」としか聞こえないが、いったいどうやって聞き分けるのだろうか。

永年家畜を飼っている民族にとって、鳴き声は非常に重要なもの。だから、「メエメエする」とか「ワンワンする」といった表現が生まれたのだろう。

私たち日本人にとっては、家畜の鳴き声より、鳥の鳴き声の方が身近な存在で、例えばその一つに「聞きなし」がある。鳥のさえずりを私たちの言葉のようにとらえ、それで鳥の名前を覚えるのだ。コジュケイは「チョットコイ」と鳴き、三光鳥は「月、日、星、ホイホイホイ」と鳴く。ヒバリは「日一歩、日一歩《ぶ》」と借金の催促である。

有名なのはホトトギスで、「東京特許許可局」と聞きなす。ところがこれは関東地方だけで、関西の方に行くと「テッペンカケタカ」に変わる。一番最初の音が高いために、アクセントの違いで聞きとり方が変わってしまったおもしろい例だ。

ブッポウソウという鳥はその名のとおり、深夜森の中で「仏法僧」と鳴くところからつけられた。その正体はずっと不明だったので、謎の鳥と言われていたが、後にコノハズクというミミズクの一種が鳴いていることがわかった。しかしお寺のうっそうとした森の中で鳴いていると、本当に「仏法僧」と聞こえたのだろう。

さて余談になるが、「ケンもホロロ」という言葉がある。暖かみが全くなく無愛想なことを言うが、これはキジがケンと鳴いてホロロと羽ばたきするところから生まれた言葉だと言われていた。しかし、なぜキジが羽ばたくと無愛想なのか、その関連が唐突である。

ところが下田《しもだ》に私の仕事場があり、そこの庭によくキジがやってくる。見ているとなかなか美しく、なんとかエづけをしたいと思って、庭にキジが好みそうなエサをまいておいた。キジはうれしそうにエサをついばんでいるが、私が少しでも近づこうとすると、あわててバサバサと飛び立っていってしまう。まさにお礼の一言もなく、

「ケンもホロロ」なのだ。昔の人はこうした生態を見て、こういう表現を思いついたのか、とあらためて言葉の由来に思いあたった次第である。

早口言葉

戦後になって、戦前にあった祝祭日のうちなくなったものが多い中で、「春分の日」だけは変わらずに残っているのは、私のような年寄りにとって嬉《うれ》しいことだ。

ただ、この「春分の日」という名前が、東日本の人には発音しにくい。茨城県や栃木県あたりでは、「新聞の日」と同じ発音になってしまう。この「シ」と「シュ」の混同は東京にもあって、宿題をシクダイと言ったり、新宿《しんじゅく》をシンジクと言ったりする東京の人は非常に多い。

昔、NHKのアナウンサーで、野球や相撲の放送をさせたらこの人の右に出るものはいないと言われた志村《しむら》アナウンサーという人がいた。この人はまた早口言葉の名人と言われ、「東京特許許可局」でも「お綾《あや》やお謝りなさい」でも何でもスラスラとやってのけた。そのころNHKの仕事をしていた私はおもしろがって、「脳病の女房、糖尿病の女房」とかいった新しい早口言葉を作っては発音させたが、何でも簡単に言いのけてしまう。

ところが、この志村アナがただ一つだけ言えなかった早口言葉があった。それは「手術室中探す」というものである。あの名人アナでさえできないのだから仕方がない、というわけで、それ以降東京の放送局では「シとシュ」と「ジとジュ」の区別をあまりやかましく言わないということになったほどである。

しかし、京都・大阪の方では「手術室中探す」など、何でもなく言えるようである。東京の人も、せめてシンジュクやシュクダイぐらいは正しく発音できるようになりたいものだ。

「芽ぐむ」から「芽吹く」まで

吉丸一昌《よしまるかずまさ》が作詞した「早春賦」は、日本の唱歌の中でも傑作と言われているが、この中に「氷解け去り葦《あし》は角ぐむ」という一節がある。この「角ぐむ」とは、一面に枯れた葦原の中をよくよく見ると芽が出ていて、それが三角にとがって牛の角のような形をしている。それを思わず「角ぐむ」と呼んだところから来た言葉で、数ある植物の中でも、アシとかスキとか極めて少数のものにしか使われない珍しい表現である。

日本人は春になって植物が芽を出すと、その進行状態によってたくさんの名前をつけている。これは、日本人の植物に対する観察の細やかさを示していると思う。まず、先の部分がふくらんで、中に芽が出てきていることが確実にわかる状態にあることを「芽ぐむ」と言い、その先がちょっと外に現れることを「芽ざす」と言う。「芽ばる」「芽だつ」はその芽が大きくなった状態で、「芽ぶく」になると少し離れたところから見てもあたり一帯がポーッと青みを帯びて見える状態を言い、柳の芽などに多く使われる。

また一方で、地面から出る草や新しい木の株であったら、「芽ばえる」というのがあって、土の上にひょっこり顔を見せたことを言う。「萌《も》える」というと、その芽が成長して、あたり一面緑の色に覆われている状態を言う。

それにしてもこれだけたくさんの表現があるということは、日本人の観察の細かさもさることながら、春を待ちわびる気持ちがそれほど強かったという表れではないだろうか。

サクラサク

四月になると学校では新しい学期が始まり、大きなランドセルに押しつぶされそうになりながら学校に急ぐ、可愛い一年生の姿を見かけるようになる。

ところで日本の大学では、入学試験を受けた学生が国許《くにもと》へ帰っている場合に、入ったか落ちたかを大学側が電報で通知することがある。私が教師を務めていた上智大学では、入った場合は「サクラサク」とし、落ちた場合は「サクラチル」と電報を打った。それを知った上智大学のピタウ学長というイタリア人の神父は、さすがに日本人は風流だと激賞したことがあった。「落ちた」「受かった」と直接的な表現を避けるのは、欧米人から見れば思いもよらないことかもしれない。

しかしこうした表現はほかの国でもあるのかどうか、聞いたことがある。中国では、入ったときは「金榜《きんぼう》ニ名ヲ題ス」と言うのだそうだ。「金榜」は隋時代から以後、役人を採用する試験、つまり科挙に合格したものの名前を掲げたところである。そして落ちた場合は、「名ハ孫山ヨリ落ツ」と言うのだそうだ。「孫山」は一番ビリで及第した人の名前で、それよりも悪かったという意味らしい。

「金榜題名」「名落孫山」いずれも口調のいい四拍の句からできていて、昔の故事によっているところが、いかにも中国的でおもしろい。孫山という人は宋の時代、日本で言うと平安時代の人であり、その故事を現代も使っているわけである。古い文化を大切にしている国らしいが、日本の「サクラチル」もまた、日本の風土にぴったり合ったいい表現である。もちろんもらった側は、そんな風流心に浸っている心境ではないだろうが。

先のサクラの例のように、日本人は自然を美しいものと思い、自然を愛し、またお菓子の名前にも、「あられ」とか「かのこ」とか「もなか」とか自然界のものをとり、人間の生活の中でも「話に花が咲く」「若い人に花をもたせる」とか「わだかまりを水に流す」「二人の間に水をさす」というように自然界のもので表すことが昔からたくさんあった。私はいまの若い人はそういう言葉をあまり使わないので、若い人はそういう言い方をしなくなったのかなと寂しく思っていたが、ピタウさんの話を聞いてやはり若い人もわれわれと変わらないなと嬉しく思った。

日本人が好きな色

私が小学生だった大正のころ、小学校へ入学して色鉛筆を買うと、紅・褐《かち》・黄・緑・青・紫の六色が標準だった。上級生になって、クレヨンを買っても多少違う色のものが増えるだけで、紫は一つの色としての地位を確保していた。

ところが、昭和の初め、中学校へ入学して初めて絵の具を買ってみると、チューブが一〇ぐらいあるのに、紫色のものがないのに異様な感がした。私は、紫は緑とともに、標準的な色の一つだとばかり信じていたからである。

しかし、そう思って世界の国旗を見ると、いま私が持っている百科事典には一二三カ国の国旗が並んでいるが、紅・黄・青・緑と白で大部分の国旗が彩られており、青などは濃淡二種類のものを使っているが、紫を使っているのはただの一つもない。欧米諸国やその影響下にある地球上の広い地域では、紫は普通の色としては数えられていないことを知った。聞くところによると、虹《にじ》の色を紅・黄・緑・青を数えて紫を数えない民族もあるという。

紫を重んじるのは日本の特色の一つのようだ。なぜだろう。私たちは子供のときから紫に親しんでいる。女性の着物に紫色のものが多いこともその一つであろうが、もともと自然界にも紫のものが多いのではないか。

アヤメ・花菖蒲《はなしょうぶ》・カキツバタは、花がるたのメンバーでもあり、初夏を彩る花としてだれでも知っている花だ。スミレは子供に親しい花だし、キキョウは秋の七草の筆頭に数えられる。紫の色の濃いテッセンは初夏の花園の女王であり、夏の朝、だれにもおなじみの朝顔も紫の花をつける。藤や桐やノギクのような薄紫の花も数えれば、紫の花はいくらでも増える。

日本人は紫の好きな民族だということが私の結論であるが、逆に、日本人が他の民族より重んじない色は何だろうか。私は橙色《だいだいいろ》だろうと思う。私の小学校のころの六色の色鉛筆には、橙色は入っていなかった。橙色という言葉も黄色や緑色のようには固定しておらず、カバ色というのが普通だった。ミカン色という言い方は戦後の命名だった。

橙色のものを見ても、日本人は赤とか黄色とか言っていた。西條八十《さいじょうやそ》作詞の童謡「鞠《まり》と殿さま」の中には「赤い蜜柑《みかん》になったげな」とあり、交通信号の橙色も黄色と言っている人が多い。フジテレビの「笑っていいとも!」で「今」という字の偏に「黄」と書いて何と読む、というのが出題されたが、これは今は黄色だからさっきは緑だというわけで、「五月《さつき》みどり」と答えるのが正解だった。英語には「オレンジ色の猫」などという言葉が出てきて、特殊な猫がいるのかと思うと、学者の鈴木《すずき》孝夫《たかお》氏によると赤猫のことだ。

世界の国旗でも橙色を使っているのは、インド、アイルランド、南ア連邦など五ヵ国ある。どうも橙色は、日本以外の国では愛されている色のようである。

五月病

ゆく春やおもたき琵琶《びわ》の抱心

与謝蕪村の句である。ふだん使い慣れた琵琶なのに、なぜか重たくけだるく感じられる。行く春を惜しむ気持ち、そしてやるせない気持ちが「おもたき」「抱心」という言葉で的確に表現されている。

春から夏に季節が移り変わるころというのは、一年で最も美しい季節。たくさんの花が咲き、木々の葉は一斉に新緑に萌え立つ。太陽の日差しはまばゆいばかりだし、風はさわやかで、私たちにとっては楽しく心地よい季節のはずである。しかし古来、日本人は「春愁」などと呼んでこの季節ならではの寂しさ、むなしく思う気持ち、物思いに沈む心を表してきた。

春愁や冷えたる足を打ち重ね

という高浜虚子《たかはまきよし》の句もある。これという原因はないのだが、なぜか心が鬱々《うつうつ》として楽しくない。その気持ちが伝わって春も終わりというのに足も冷たく冷えきってしまったのだろう。

東条操《とうじょうみさお》氏の『全国方言辞典』によると、奈良県のある地方には「木の芽づわり」という言葉があるという。これは初夏の若葉が特に美しく映えるころに感じられる、独特のけだるさを言うそうだが、何となく共感を呼ぶ表現である。また、「木の芽ぼこり」という言葉もあって、このころの何かイライラするような、興奮した気分の状態を言うのだとか。これもわかる気がする言葉である。

一般に日本語は悲しみを表す言葉がとても多いことで知られる。古典をひもとくと、

「あじきなし」「うたてし」「うし」「うらめし」「つらし」「わびし」といった言葉が次から次へと出てくる。これらはすべて、思うようにならないという意味である。

逆に、楽しいという意味を表す日本語は大変少ない。「joy」「gladness」「delight」といった喜びの表現、「pleasure」「enjoyment」「happiness」といった楽しい意味の言葉が数えきれないほどある英語とは、まさに対照的だ。

ゴールデンウイークが明けると聞かれる言葉に「五月病」というのがある。新人たちが期待にあふれて会社に入る。しかしその思いとは裏腹の現実にぶちあたって、気持ちが落ち込み、鬱病になることである。あれも、周りがすべて若葉に包まれた中で、わけもなく気分が落ち込んだり、イラだったりする木の芽時の病気の一つなのだろう。と言っても近頃は、不景気からいつリストラされるかもしれず、五月病どころじゃない、ということも言えそうだ。

周囲の自然が華やかで明るければ明るいほど、気分は反対に沈み込んでいく。あるいはつまらないことにイライラと怒りっぽくなってしまう。これはどうやら日本人ならだれしも感じる気分らしい。

国を発展させた言葉

日本人は「目」とか「川」など、日本で生まれた言葉に片っ端から漢字をあてはめて書いていった。しかし中国にそれにあたるものがない場合は、漢字で書きようがない。その場合は、日本で漢字のような文字を作っている。それを国字と呼んでいるが、「峠」とか「畑」とかいうのはすべてこの国字である。

およそ国字のうちで一番多く使われているものは何かと言ったら、人偏に動くと書く、「働く」という文字だろう。いかにも働くことが好きな日本人にぴったりの文字である。

英語では「働く」にあたる言葉はworkというが、机に向かって勉強してもworkになる。日本では机で勉強することは働く中に入らない。掃除をするとか物を修理するとか、他人のためになることをしなければ働くにならないのである。

さて、およそ日本語の中で一番日本人の心構えをよく表す言葉は何だろうかと考えると、私は「いそしむ」という言葉だと思う。「いそしむ」は働くという意味だが、ただ働くでは「いそしむ」にはならない。働きながら働くことを楽しんでいること。これが日本人にぴったりするのである。和英辞典で「いそしむ」を引くと、endeavor（努力する）と出てくるが、エンデバーには楽しむという意味はないと思われる。

働き過ぎとか、働き蜂とか言われるが、私は働くことを楽しむという日本人の性格はすばらしいものだと思う。日本がここまで発展したのも、この言葉があったからだという気がするのだが。

「木漏れ日」の英訳は

飛行機に乗って日本の上空を飛ぶと、山は大体緑色をしている。日本は木が多いから自然にそういう色をしているので、われわれは別に驚きもしないが、この地球全体を見ると、そういう国は珍しいと言わなくてはならない。地理の時間などに使う地形図というものがあるが、高い山は茶色に、低い平野部は緑色に塗られている。「あれ、山は緑なのに」と小さいころは疑問に思ったが、これは近隣の朝鮮半島・中国をはじめとするアジアにおいても前に述べたスペインもそうだが、日本以外の多くの国では、山ははげ山、枯れ山が普通であるからだ。

日本の山が緑なのは、日本に木が多いためで、その結果日本人は多く木造の家に住み、家具の類《たぐい》も木製のものを多く使う。食器にも箸《はし》やお椀《わん》など、木製のものを使うのは、世界でも珍しいことである。日本人にとって木は親しみやすいものである。

そのため、木に関する単語もたくさんある。「木の間がくれ」「木の下闇」などという言葉は、ヨーロッパの辞典にはそれにあたるものはないだろう。「木漏れ日」という言葉を和英辞典で引くと、Sunbeams shining through branches of trees という大変長い訳をつけている。

また、大きくて古い樹木は神が宿っているように見たり、浄瑠璃《じょうるり》の『三十三間堂棟由来』では人間が神の木の精と結婚をする。民話には人間がクスノキやヒノキと結婚する話もある。ヨーロッパの童話劇『青い鳥』の森の場面では、森の木たちが一斉に狼や狐の味方をして人間を襲ってくるが、日本の童話だったらむしろ森の木は人間に味方してくれるのではないだろうか。

「山はあおき故郷《ふるさと》。水は清き故郷」というのはまさに日本の自然の美しさそのもので、あらためてこういう歌を歌える幸せを感じないではいられない。

五月闇

いまではほとんど歴史の時間でも取り上げられることもなくなったと思われる人物に、曾我《そが》兄弟がいる。彼等は五月二八日に父の敵である工藤祐経《くどうすけつね》を富士の巻き狩りに行った夜に襲い、見事に仇《あだ》を討った。

夜討ちをかけて有名な人物としてはもう一人、天正《てんしょう》一〇年、主君織田信長《おだのぶなが》を京都の本能寺《ほんのうじ》に襲った明智《あけち》光秀《みつひで》がいる。明智光秀は本能寺に迫る前、五月二七日に愛宕《あたご》の山西坊というところで連歌の宴《うたげ》を催している。「時は今あめが下知る五月かな」と詠んだそうだが、二、三日おいて六月二日に主君を討っている。

どちらもほとんど同じ季節のときに襲撃しているのは偶然ではない。五月といっても実は旧暦の五月だが、そのころの夜は「五月闇」と言って、一年で一番暗い夜として有名だったからだ。

佐佐木《ささき》信綱《のぶつな》作詞の唱歌「夏は来ぬ」の中に、「五月闇蛍飛び交い、くいな鳴き卯《う》の花咲きて、早苗植え渡す、夏は来ぬ」という一節がある。ではなぜ旧暦の五月の夜は暗いのだろうか。第一に梅雨の季節で、雨が降っていることが多い。降らないまでも曇っていることが多い。昔は月は、夜道を歩く人にとって何ものにも代えがたい照明器具だった。それが出ていない旧暦五月の夜は、鼻をつままれてもわからない闇の世界だった。

しかも曾我兄弟も明智光秀も、五月であればいつでもいいと思って出かけたのではない。五月二八日に目的地に着くように計画している。旧暦では月の三〇日はみそかと言って、月が全然出ない。二八日や二九日も一ヵ月のうちで一番出るのが遅く、また出てもごく細い糸のような月しか出ない。月の半ばごろだと、曇っていても満月が雲の向こうにあれば何となく明るい。それが全然出ない夜となれば真の「五月闇」である。曾我兄弟も明智光秀もそういう日を選んだもので、まさに用意周到だったのである。

虫のいい話

六月四日は虫歯予防デーだ。英語では虫歯を何と言うかと言うと、そのものズバリで「bad tooth」、つまり悪い歯と言う。日本語のように虫が歯に巣くっているという表現の方が、何となくピッタリだ。

虫歯のほかにも、口の中には虫がいるらしい。えっと驚く人もいそうだが、「苦虫をかみつぶしたような顔」という表現がそれだ。むろん本当に苦虫という虫がいるわけではない。しかしこれも、ただ苦い顔、というよりも、苦虫という虫を登場させることで、より不快な思いが伝わってくる。

一般に日本語では、虫という言葉をよく使う。例えば「弱虫」「泣き虫」という表現がある。小さな子供を小さな虫になぞらえたものだが、「臆病《おくびょう》な子供」と言うよりも「弱虫」と言う方が可愛らしい。「すぐ泣く子供」と言うよりも「泣き虫」と言う方が愛嬌《あいきょう》がある。子供がわあっと泣き出したとき、「泣き虫毛虫、挟んで捨てろ」とはやしたりするが、こう言われると思わず悔しくて泣くのをぐっと我慢する効果もあるようだ。

「この子はかんの虫が強い」とか「虫気」という言葉もある。昔はどの子も、たいがいお腹の中に回虫などを飼っていたことから生まれたのだろうか。大人でも虫という言葉を使うことがある。「本の虫」「芸の虫」という言葉がそれだ。一つのことに集中して、ほかのことはいっさい顧みないことだが、これも虫と言う。何を考えているのかよくわからず、ひたすらもそもそと動いているものになぞらえたところがぴったりでおかしい。

もう一つ、「浮気の虫」なんて言葉もある。「そろそろ浮気の虫がうずきだした」などと言うと、もともと浮気性の男が、相手にあきてきてほかの女に関心を寄せ始めた、という意味になる。虫もこんなところに使われては迷惑だと怒りだすかもしれない。

そのほかでもよく使われる表現として、「虫が好かない」という言い方がある。この場合、自分の中に別の生き物がいて、それがその対象になるものを拒んでいる、というニュアンスがある。「虫の居所が悪い」という言い方もあるが、本来はそうではないのに、たまたま運悪く不機嫌な状態になっている、という感じを与える。「虫が知らせる」と言うと、自分の中の第六感のようなものが鋭く働いて、悪い予感を感じさせる、という意味になる。「腹の虫がおさまらない」と言うときは、自分は納得しても、お腹の中の別のものが納得していない、ということだ。こうした言い方は昔からあったようで、江戸時代の作家近松門左衛門《ちかまつもんざえもん》の作品の中にも、「少しの間とおぼしめし、虫を殺す」という一節がある。じっと我慢するという意味に使われているのだ。

どうも「虫」という言葉を使うときは、その人の中にある別の生き物、あるいは感覚が働いている、という意味合いが強い。昔の人は本当にお腹の中にそうした虫を飼っていると思ったのかもしれない。自分はそうではないのに、お腹の中の別の生き物が勝手に動いているようで……と、はなはだ都合良く聞こえる面もある。これが本当の「虫のいい話」ということになるのだろうか。

星の名前

七月七日は七夕。全国各地で観光的な七夕祭りが催されるが、もともとはこの日に習字や縫い物の上達を願って、短冊に文字を書いて竹に飾ったのが始まりである。

さて、この夜、天の川を挟んで牽牛《けんぎゅう》と織女《しょくじょ》が一年に一度逢瀬《おうせ》を楽しむということになっているが、果たしてどの星が織女でどれが牽牛かわかる人が何人いるだろうか。どうも日本人はあまり星に関心がない民族のようである。

かつてエジプトの子供たちが、日本の学校を訪ねてきたとき、日本の子供の描いた星空の絵にいたく興味を抱いた。そしてこの星は何だ、こっちの星座は何だ、と盛んに質問したので描いた子供は困惑したという。ただ適当に描いただけだったからである。大体日本は湿気が多く、星があまりくっきりとは見えない。エジプトとかギリシャの国々で星に関心が深いのは、湿気がなくすっきりした夜空で、降るように星が見えるからだろう。

また、牧畜民族だから、夜中に砂漠や草原に寝そべって、星を仰ぐ機会も多くあったのかもしれない。地中海に臨む国々の国旗を見ると、星をデザインしたものが非常に多い。彼等にとっていかに星が身近な存在かがよくわかろうというものだ。

ところであまり星に関心のない私たちではあるが、こと歌謡曲の世界になると違う。星という名がつく歌の項を見ると、「星娘」とか「星は何でも知っている」とか「星影のワルツ」とかものすごい量である。これは明治以前にはなかったことだ。

昔の歌の主人公といえば、月だったのである。『百人一首』を見ても、「夜半の月かな」とか「有明の月」とか、月の美しさにやるせない思いを託した歌が非常に多い。しかし星に関する歌は一つもないのである。

いつごろ月が星にとって代わられたのかというと、明治の末に、森鷗外《もりおうがい》が「スバル」という雑誌を出したあたりではないかと思う。

すばるという星は唯一日本人に昔からその名を知られた存在で、『枕草子』にも「星はすばる」と、ちゃんと登場する。また農家では「すばるまん時粉八升」ということわざがあり、この星が真南に来たときにそばの実を播《ま》けば、一升の実から八合の粉がとれるくらい豊作になる、という意味だという。

森鷗外がこの名を発表したとき、人々はずいぶんモダンな名前をつけたものだと感心したらしいが、れっきとした日本語だったのである。これに影響を受けたからだけでもなかろうが、いつの間にか星が月よりもロマンを感じさせる存在になってしまった。『金色夜叉』という芝居の中で、主人公の貫一に「今月今夜のこの月を」という有名なせりふがあるが、あれも今だったらきっと星に置き換えられているだろう。

夜空に登場するものにも、時代によって人気の片寄りがあるというのは、ちょっと興味深いことである。

奥の細道

フランス語やイタリア語には、名詞にいちいち女性名詞、男性名詞をつける、特殊な約束事がある。花の名前も同じで、例えばブーゲンビリアやチューリップは女性、コスモスやグラジオラスは男性ということになっている。しかしなぜブーゲンビリアが女性で、グラジオラスが男性なのか、よくわからない。どうも欧米人の花に関する感覚は、私たちと違うようだ。

松尾芭蕉《まつおばしょう》の『奥の細道』の中で、越後の市振《いちぶり》というところで芭蕉が伊勢《いせ》参りの遊女の連れと一つ家に泊まりあわせる箇所がある。芭蕉もまんざら悪い気分ではなかったようで、「一家に遊女もねたり萩と月」という句を作っている。萩は美しいけれども、ちょっと寂しい感じの花で、どこか憂いを含んだ遊女を表すのにふさわしく、いい句だと思う。

その『奥の細道』をすばらしい英語で訳したアメリカの文学者がいた。ただその人は、この萩と月というところを moon and clover（月とクローバー）と訳しており、「萩」がクローバーになってしまっている。クローバーは夏の日盛りに、元気よく日なたに咲いている花で、遊女の趣を感じさせない。あそこは、アメリカに萩がないならせめてコスモスか月見草にしていただきたかったと思う。萩はマメ科植物でクローバーが近いと思ったのだろうか。

市振のその宿はいまも健在で、私が先年行ったら、訪れた名士たちが作った俳句の短冊が壁に並んでかかっていた。宿の主人が私の顔を知っていて、一句作れと言われる。俳句は作れないと言っても聞きいれてくれない。仕方なく川柳を作っておいてきたが、多分品格がないとあきれられてすぐに紙くずかごに捨てられたことだろう。

相宿の遊女に芭蕉ちょっと惚《ほ》れ

月へのこだわり

月天心貧しき町を通りけり　与謝蕪村
藍色《あいいろ》の海の上なり須磨《すま》の月　正岡子規《まさおかしき》
小諸去る月に名残を惜みつ、　高浜虚子

雪、月、花と言われるように、この三つは日本の自然の美しさを代表するものだが、前述のとおり月ほど日本人の心に寄り添うものはないだろう。古来、数多く和歌や俳句に詠まれてきた所以《ゆえん》である。

ドイツ語やイタリア語はものを男性名詞と女性名詞、ドイツ語はさらに中性名詞に分けることで知られているが、イタリア語では月は女性名詞、太陽は男性名詞になる。しかしドイツ語ではその逆で、月は男性名詞、太陽は女性名詞だ。なぜこのように逆転するのか興味深いが、私が思うに気候の違いではないだろうか。北方のドイツでは太陽は優しく暖かい母親のようなもの、月は暗黒の夜を支配する厳しい父親のような存在と感じたのかもしれない。逆に南のイタリアでは、太陽はぎらぎらとまぶしく輝く父親で、月は夜空で静かに見守る母のようなもの、と思ったのだろう。

日本人の感性から言えば、イタリア人と似て、太陽は男、月は女と感じる人の方が多いと思う。しかし古代の神話を見ると、太陽である天照大神《あまてらすおおみかみ》は女性である。そして月は、月よみの尊《みこと》というのが登場して、男性になっている。昔は母系社会だったからこうした神話が生まれたのか、調べてみるとおもしろいかもしれない。

さて日本人は月の中でも満月になる十五夜をことのほか心待ちにし、「もちの月」と名づけた。藤原道長《ふじわらのみちなが》が「望月《もちづき》の欠けたることもなしとおもへば」と詠んだあのもち月である。しかし、その夜だけではもの足りない。翌日の月も「いざよひの月」と名づけて楽しんだ。この夜の月は、前日より遅れて迷いながらのこのこと出てくるところから「躊躇《いざよ》ふ」という名がついたのである。次の夜の月は、出てくるまで立ちつくして待つので「立ち待ちの月」、そして次の夜は、くたびれるので座って待ちましょうということで「居待ちの月」、最後は「寝待ちの月」などという不精なものになってしまった。

また『百人一首』をひもとくと、月に関する歌の多さに驚かされるが、ことに多いのは「有明の月」だ。有明の月というのは明け方、西の空に残った月を言うが、「ほととぎす鳴きつるかたをながむればただ有明の月ぞ残れる」という有名な歌を含めて、四首もある。太陽の明るさに負けて、ぼんやりと白く光るだけのことで、なぜ古代の人がそんなに愛したのか、首をひねってしまうが、朝帰りの多かった昔の人にとっては情趣を感じさせるものだったのだろうか。

余談になるが私の子供が幼いとき、昼の月を見て、「あ、お月様の跡が残っている！」と言った。私はこれはすごい詩人の才能があると感嘆したが、いま考えてみると子供というのはそういう大胆な発想をするもののようだ。その子供は現在は平凡な大人に収まっていて、詩人のかけらもない。

使い捨ての言葉

私のもう亡くなってしまった親友に、池田《いけだ》弥三郎《やさぶろう》君という国文学者がいた。澄ました顔で冗談を言うのが好きな、典型的な江戸っ子だったが、彼のことでいつも思い出す話がある。

池田君は小学校のときに、先生からこう教わったそうだ。日本人は鼻汁が出ると紙でかむ。イギリス人やアメリカ人はハンケチでかむ。それを聞いて彼はやはり向こうの人の方が偉いんだなと思った。が、よく聞いてみると向こうの人は使ったハンケチを洗って何回も使うのだそうだ。それを聞いて池田君は「何だ、それじゃ半分ケチなんじゃないか、だからハンケチと言うのだな」と思った。彼が言葉について興味を持ったのはこれがきっかけだったというが、本当かどうかはあまり信用できない。

ところでこの話は、日本人という民族は一回でも使ったものは捨てる傾向があることを示していると思う。代表的な例は食事に使う割り箸で、一回使うと捨ててしまう。伊勢神宮には遷宮という儀式があって、二〇年その宮殿を使うと、そっちは捨てて、新しい宮殿を作り直す。これも日本人らしい習慣である。

さて言葉の方も同じことが言えて、日本人は言葉をどんどん変えていく。例えば「便所」。私が子供だった大正時代には年寄りはカワヤとかセッチンとか言い、私たち子供は母親と同じにハバカリと言っていたが、学校へ行くと「便所」と言い、外の便所にはWCと書いてあった。それが昭和になると「お手洗い」とか「御不浄」とか言うようになり、戦後はトイレと呼ぶのが普通になった。言葉が変わることで一番困るのは私のような国語の辞典を作ることを職業としている人間で、五年に一回は新しい版を作らなければならない。もっともそれだからこそ頻繁に仕事があって生活に困らない、とも言えるのだが。

中国では北京などで便所を探すと、「男厠」とか「女厠」とか書いてあるのですぐわかる。おそらくこの言葉は千年も昔から使っている言葉だと思われ、中国の方が言葉のもの持ちは良さそうだ。

礼儀を欠く花

ある冠婚葬祭のエチケットの本に、結婚式の挨拶《あいさつ》で「めでたい」という言葉は使ってはいけないと書いてあった。「めでたい」は「妻出《め》たい」というのを連想するからだとある。が、そういうことを言い出したらきりがないだろうと思う。新婦を褒めるスピーチの中で、よく「新婦は才媛《さいえん》で……」という言葉が出てくるが、「才媛」は再び縁づくという「再縁」と同じ響きだからいけないなどということになるかもしれない。

病気のお見舞いの場合は、さらに注意が必要なようだ。可憐《かれん》に咲き誇っているシクラメンを見舞いに持っていったところ、いやな顔をされた。シクラメンは「死の苦しみのラメン」と響くからだそうだ。そういえばシクラメンはこのごろ花屋さんではサイクラメンと呼び変えている。これなら問題はおきないだろう。

シクラメンと似たようなものに、シネラリアがある。これは「死ねラリア」と言い、これは一層罪が深い。花屋さんではサイネリアと言う人もあり、このごろフキザクラと日本名で言っている人もいるが、それならば無難である。

ところでさっきのシクラメンには日本語名がない。植物学者の牧野富太郎《まきのとみたろう》氏はカガリビソウという優美な名をつけたが、誰も使わないのはもったいないことである。シクラメンには根のところに大きくふくらんだ部分があって、西洋ではこれを豚が好んで食べるところからブタノマンジュウと言うそうだが、何ともひどい名前である。もっとも、シクラメンが属するサクラソウ科は日本に千以上もあるが、食用になるもの、薬用になるもの、そのほか、衣食住の役に立つ草は一つもないようである。そういう意味では、たとえ豚の飼料であっても少しは役に立つというのは威張っていいのかもしれない。

贈り物

日本人ほど何かといえば贈り物をしている民族はいないようで、外国の人から見ると大変不思議に思うらしい。

まず贈り物の名前からして、贈る季節や機会ごとに違っている。暮れの贈り物は「お歳暮」で、お正月になってからの贈り物は、子供に与えるものは「お年玉」、大人に贈るものは「お年賀」になる。そして夏の初めに贈るのが「お中元」である。旅行から帰ってきて、待っている留守番の人への贈り物は「お土産」で、別れて遠くに行く人への贈り物は、以前は「はなむけ」、現代では「お餞別《せんべつ》」である。しかし、これは欧米ではみな「プレゼント」でひとくくりにされるだろう。

　神社や仏寺に差し上げるものは「供え物」「捧《ささ》げ物」「お初穂」「玉串料《たまぐしりょう》」などと呼ぶ。「お賽銭《さいせん》」もある。結婚するときに嫁に来てくれる人への贈り物は「結納」で、亡くなった人の霊前に捧げるのは「香典」である。病気の人、災害にあった人への贈り物は、「お見舞い」で、香典にはまた「香典返し」という付属の贈り物がある。職権を利用する人への贈り物は「袖《そで》の下」「はなぐすり」と言い、身分の高い人から貰《もら》ったものは「お下がり」となる。そのほか世話になった人へのお礼に「薄謝」「寸志」「金一封」などというものもある。

　なぜ日本語にはこのように贈り物に関する言葉がたくさんあるのだろう。日本人は、社交の上で贈答する関係を重んじる。物を与える動詞でも、手前からよそへ行くのは「上げる」「やる」と言い、よそから手前の方に来るのは「くれる」「くださる」と言って区別する。英語の give にはそんな区別はない。

　ただしA君とBさんとがやりとりしているのは、「A君がBさんにお菓子を上げた」「Bさんは A君に果物を上げた」と言って区別しない。「A君は私にも果物をくれた」

と言って自分のところに物が来たときにだけ、言い方を違えるのである。これは日本人は他人から貰ったのを有難いことだと感謝している、そういうやさしい気持ちを反映しているというように解釈したい。

語源をめぐる話

スサノオノ命と花粉症

年々花粉症の人は増える一方とか。かくいう私も突然花粉症になり、クシャミが止まらなくなった。老人でこれにかかる人はめったにいないと言われるから、私はまだ若いのかもしれない、とヘンなところで喜んでいる。

さて、このスギの語源だが、『大和本草《やまとほんぞう》』という本では、真っすぐ生えるところからこの名がついたという。しかし本居宣長《もとおりのりなが》は、横に伸びず、上に進みたがるからだと主張している。どちらにしても真っすぐ上へ直線的に伸びる姿が、この名を呼んだのだろう。

ところで朝鮮語でも同じようにこの木をSugiと呼ぶ地域があるという。これはどうも日本のスギが朝鮮半島に渡ったらしい。なぜなら、朝鮮半島ではスギの良木があまり育たなかったからだ。しかしわが国では非常によいスギが育ち、なおかつ珍重された。『日本書紀』の中でスサノオノ命《みこと》が朝鮮半島に渡るとき、船を造るのに適した木材ということで、「杉をもって浮宝とすべし」とまで述べている。つまりスギは海運国日本にとって、なくてはならない木材だったのだ。もしかしたら日本のスギが船の木材として朝鮮に渡り、同時にスギという名前も伝わったのかもしれない。

スサノオノ命がスギを愛したおかげで、現在のような花粉症の流行を招いたと言えないこともなく、花粉症患者にとっては何とも恨めしい存在である。

植物名の由来を調べるとおもしろいが、朝鮮半島から渡ってきた名前が多いことにも気づく。例えばペンペン草という名で知られるナズナ。春の七草の一つで、正月七日にはナズナを入れた粥《かゆ》を食べ、「唐土《もろこし》の鳥の渡らぬ先に」とはやしながら、まな板にこれをのせてたたく風習もある。

深津正《ふかつただし》氏の『植物和名語源新考』によると、これは昔から薬草として珍重されたので「撫《な》で菜」が転訛《てんか》したという説もあるが、朝鮮語で同じ植物をnasiとかnasinと呼ぶ。しかも朝鮮でもやはりこのナズナの若葉を粥に入れて食べるとか。したがってこの植物と共に習わしも朝鮮から日本へ伝わったのだろうと言われる。ペンペン草という名前は、葉の形が三味線のバチに似ているところからついた。

ペンペン草と同じように、タンポポも私たちには馴染《なじ》み深い草だが、こちらの名前は純然たる日本生まれだ。ツボミの形が鼓に似ていることからツヅミ草と呼ばれ、その鼓の音をタン、ポンと聞きなしたところから、子供たちがタンポポと呼んだのが語源である。

歌の名手だった西行《さいぎょう》が津《つ》の国へ行ったとき、「鼓の滝」という美しい滝に出会った。ひと休みして傍らを見ると、タンポポが滝のしぶきに濡《ぬ》れて咲いている。その可憐《かれん》な風情をいとしんで「津の国の鼓の滝を来てみれば岸辺に咲けるタンポポの花」と詠んだ。すると山林の間をかき分けて出てきた草刈りの少年が、それならば上の句を「津の国の鼓の滝を打ち見れば」とした方がいいと言ったという。

歌の上手が一介の草刈りに教えられたという話だが、これは、タンポポの語源を知っていないと面白味がわからない話である。

申告についての深刻な悩み

毎年三月といえば税金の申告の季節。サラリーマンには関係ないが、事業所得者にとっては憂鬱《ゆううつ》な季節になる。

私もその事業所得者のはしくれとして、毎年申告書を出さなくてはならないが、あの用紙を見ると、つくづくわかりにくい書き方をするものだと思う。例えば「所得の生ずる場所」という欄がある。別に金のなる木が生えているわけではないから、所得が自然に生じるわけはない。サラリーマンなら「俸給をもらうところ」、商売をする人には「商売を営むところ」としなくてはいけないのを、両方まとめて済まそうとするからわかりにくくなるのだろう。そのほか「租税公課」とか「減価償却」とか、いかめしい言葉が並んでいる。もう少しわかりやすい言葉で説明してほしいと思うのは私だけだろうか。

一般にお役所言葉というと、難しい言葉の代名詞のように扱われている。大分前の話だが、うちの電話機が故障し、ダイヤルが動かなくなった。電話局に連絡して故障の箇所を告げようとしたが、よくわからない。「ダイヤルがついているところですが」と言うと、「ああ、キョウタイの故障ですか」と言う。キョウタイとは筐体と書くのだそうで、まさか日ごろ使っているものにそんなに難しい呼び名がついているとは思わなかった。

難しいといえば昔の軍隊用語だ。私の子供のころは体操の時間になると「キョショーハンクッシツ始め！」と号令をかけさせられた。これは「挙踵半屈膝」という字をあてはめ、何のことはない、かかとを上げて膝《ひざ》を曲げることを言うのだ。私はこれを長い間「半靴下」と言っているのだとばかり思っていた。軍隊では風呂《ふろ》に入るときは、いちいち上官に「入浴に入ります！」と言わなくてはならない。どう考えても「入浴に入る」はおかしいと思い、「入浴に行って参ります」と言ったら、「貴様、理屈を言うのか」と怒鳴られた。

農業に関する言葉もやたらに難しいものがある。山梨県の農家の人と話していたら、「この辺はセキアクリンチだから、何も生えねえだ」と言う。何と恐ろしい、よってたかって殴られるのかと思ったら、「瘠悪林地」と書く。つまり地味が痩《や》せて、何も収穫できない土地のことらしい。こうした用語も多分農業に関する法律などから生まれたのだろうが、純朴で畑のことしか知らない人の口からこんな言葉が出てくると驚いてしまう。

最近になってさすがにお役所も難しい言葉はまずいと思い始めたのか、大分改めてきたような気配はある。しかしまたそうなると突然「ケアマネージャー」とか「アメニティショッピングタウン」とか、横文字を使いたがるのもどんなものだろう。特に老人が関わる言葉は、なるべくわかりやすい日本語でお願いしたいものだ。

梅雨と五月雨

毎年五月末から六月の初めになると、梅雨前線が少しずつ北上して、九州が梅雨入りし、関西が梅雨入りし、さて東京はいつ、ということに関心が集まる。

ところで、梅雨と五月雨《さみだれ》とは同じ意味。「さみだれや大河を前に家二軒」の蕪村の句も、「正直に入梅雷の一つかな」の一茶《いっさ》の句も、同じ季節の雨を詠んだものだ。なぜ、この雨に関しては二つも名前がついているのだろうか。

五月雨とは、「五月雨が降りやまない」というように雨そのものを指し、梅雨は、「梅雨が明けた」とか「梅雨寒」などというように雨の降る季節を言う。一つの時期の雨に二つも名前がついているというのは、まことに贅沢《ぜいたく》なことだ。田植えという、日本民族にとっては非常に重要な時期に降る雨だからこその待遇かもしれない。しかも、あてている漢字が難しい。梅雨という字は知らなければツユとは読めないし、五月雨もゴガツアメと読んでしまう。これは昔、和語を何でも漢字にあてはめて書こうとしたからだ。中国に同じ意味の言葉があれば取り入れたはずだが、あいにく梅雨はない。仕方なく梅の実が熟するころに降る雨だから梅雨と書き、旧暦の五月に降るから五月雨と書くようになった。

日本に降る雨の量は、世界の同じ緯度の国に比べて約四倍ということを聞いたことがある。そのくらい雨の多い国だから、前に触れたように雨に関する言葉は独特なものがある。

たとえば降り方一つにしても、ざあざあ降る、しとしと降る、沛然《はいぜん》と降る、篠《しの》つく雨、土砂降り、などさまざまな表現を使う。

また、「雨天順延」という言葉を私たちは何気なく使っているが、これを英語に直そうとすると大変である。「In case of rain, it will be postponed till the next fine day」というように、何とも長ったらしい文章になってしまう。「雨宿り」なんて言葉もあるが、これも英訳するとひどく理屈っぽい文章になってしまうようだ。

昔の川柳を読むと、「本降りになって出ていく雨宿り」とか「うまそうになにやら煮える雨宿り」とか、これを題材にした句がたくさんある。「雨宿り」という言葉には、思いがけない雨に戸惑いながらも、何となくその出会いを楽しんでいるような、一種の情緒みたいなものが感じられるが、これは日本人だけの感覚なのだろうか。

もっとも、最近は雨宿りなんてのんびりしたことはしなくなった。現代人にとって時はまさに貴重なお金以上のもの。にわか雨が降り出すと、店には使い捨てのビニール傘がどっと売り場に出る。それを買ってあたふたと先を急ぐのである。

涙雨、遣《や》らずの雨、相合傘、などという粋《いき》な言葉が死語になりつつあるのを寂しく思うのは私だけだろうか。

山あり谷あり

日本は海に囲まれた国であると同時に、山国とも言われ、山の呼び名も「何々山」「何々峰」「何々岳」とたくさんある。もっとも馴染み深い呼び方は「山」だが、昔の人にとっての「山」は、非常に親しい存在を指していたようだ。桃太郎の童話は「昔むかし、おじいさんは山へ芝刈りに、おばあさんは川へ洗濯に行きました」と始まるが、おじいさんは手っ甲脚絆《きゃはん》を巻いて毎日登山をしていたわけではない。裏山の林のようなところへ薪を拾いにいったのだろう。昔は山といっても、特別高い存在ではなかったのだろうと思う。

地方や時代によっても山にはいろいろな呼び方がある。古くは「尾」という言い方もあった。「松尾」という姓があるが、これはもともと松の生えた山のことである。「尾上」というのは山の上の意味である。

「ね」という言葉も昔は山を指していた。高い峰が連なった、馬の背のような場所を「尾根」と言うが、これは「尾」も「ね」も峰を指す古い言葉が一緒になったものと考えていいだろう。「尾根」という言葉はもともと長野県から山梨県あたりの方言だったが、いつの間にか標準語として使われるようになった。というよりも、そうした山の鞍部《あんぶ》を指す言葉がそれまでなかったので、これは便利と広まったということらしい。

もう一つ、「森」という言葉も山を指す古い言葉である。青森県に行くと、「二ッ森」「高倉森」「弁天森」「黒森」と、一千メートルくらいの小高い山は大概「森」という名前がつけられている。しかしなぜこうした呼び名が青森県にしか残っていないのかは謎である。

山とは地形的には逆になる「谷」という言葉も、調べてみるとおもしろい。谷という地名をタニと言うか、ヤと言うか、東日本と西日本でははっきりと分かれているのである。富山県に倶利加羅《くりから》谷《だに》というところがある。木曾《きそ》義仲《よしなか》の軍勢に平家が敗れ、それが平家滅亡のきっかけとなった場所として名高いが、ここがタニと呼ぶ西日本側の東端ではないかと言われている。

関東では、渋谷《しぶや》、世田谷《せたがや》、雑司《ぞうし》が谷《や》、熊谷《くまがや》、のように、ヤと呼ぶことが多い。そして太平洋側では愛知県の刈谷《かりや》、湯谷《ゆや》くらいまでがヤの勢力範囲である。これに対し西日本では、京都の鹿ヶ谷《ししがたに》とか清水谷《しみずだに》とか一ノ《いちの》谷《たに》のように、タニと読むものばかりである。タニは日本海側では富山県、そして石川県の九《く》谷《たに》ぐらいまでがその範囲内と言っていいだろう。おそらくこれは、昔日本列島にいろいろな民族が渡来したとき、東側と西側とで対立する民族が住み着いたことと関係がありそうだ。

さて、こういう話を書くと、東京にも鶯谷《うぐいすだに》とか茗荷谷《みょうがだに》とか、タニという呼び名があるじゃないかと言われそうだ。これは江戸の昔の文人とか茶人が、ヤと呼ぶのは田舎臭いということで、京都の呼び名を真似したのだろうと思われる。いまの人が外国の名前の方がかっこいいというわけで、繁華街に「フィフスアベニュー」とか「シャンゼリゼ通り」といった名前をつけたがる心理は、昔から変わっていないのかもしれない。

サクラと稲の神様

花散るや伽藍《がらん》の枢《くるる》落としゆく　野沢凡兆《のざわぼんちょう》

春の夕方静かになった寺の境内には、僧が戸締まりする音だけが響く。そんな光景を見守るように、サクラの花がハラハラと散っている。花というのはサクラのこと。梅や椿の花では、こうした風情は生まれない。

サクラの花ほど、昔から日本人に愛された花はないだろう。普段はそこにあることも気がつかないのに、季節がくると、まるで明かりがついたように、ぱっと華やかに咲き誇る。そして一週間もたつと、惜しげもなく花びらを散らせて、またもとのひっそりとしたたたずまいに戻る。この花の潔さが日本人の国民性とぴったりなことが、これほどまでに愛された理由なのだろう。

ところで、サクラという名前の語源だが、これまでは、花が「咲く」というところからサクラとつけられたという説が有力だった。しかし近年、民俗学者の間で違った説が唱えられている。「サ」というのは稲の神様の意で、「クラ」は居る所。稲作の神様が田作りが始まるまで居るところ、という意味ではないかというのである。例えばサナエは稲の苗のことだし、サミダレというのは、稲を植えるころに降る雨のことを言う。サオリは、稲の神様が天上から降りてくることだし、サノボリは、逆に天上に帰っていくお祭りをすることだ。

こうしたことからサクラも、稲の神様が居るところという説が自然だというのだ。確かに「咲く」の意だとすると、後に続く「ラ」の意味がよくわからない。また関西では、サクラ、サノボリ、サミダレ、サオリは、みな同じ高音の平板アクセントで発音する。そうした点からも、この説の方が正しいのではないかという気がする。

さて、「さばえなす」という古い言葉をご存じだろうか。うるさく騒ぐ様を言い、「さばえなす軍勢」というように使う。これを「五月蝿なす」と書いて、五月ごろの蝿のことと解釈しているのだが、これもどうだろう。高知県では、稲にたかるウンカという虫を、サバエと呼んでいる。だからこれも、蝿ではなくウンカのことだと解したい。わざわざ「サ」をつけて呼んだのは、これが大発生すると、稲に大損害を与えてしまう。それほど恐ろしい存在だったからだと思われる。

こうして見てくると、日本人にとって稲作というのは運命共同体のようなもの。日本人の習慣や行事など、すべて稲作なくしては成り立たなかったということがわかる。ようやく春が訪れて、それまで裸木だった枝の先に、一度に美しく花が咲き開くサクラの木に、大切な稲の神様が宿ると考えたとしても無理からぬことだ。しかし近年、地球温暖化の影響なのかサクラの花の開花時期は早くなりつつある。平均的な東京の開花時期は三月の末ごろとか。それから田植えをするまでには、だいぶ間がある。

サクラの花が散ってしまった後も、その木の上に長い間座って待っているというのは、神様もさぞ退屈なことだろうと思う。

こいのぼり

五月五日は端午の節句。庭が狭くなった昨今では見られなくなったが、昔は男の子のいる家ではどこも空高く鯉幟《こいのぼり》を立て、薫風になびかせたものだった。これは中国から来た伝説に、鯉は勢いのいい魚で、高いところから落下している滝を泳いで登る力を持っていると言われる。男児もそれにあやかって出世するようにとの祈りを込めて、幟を立てるということになっている。

ところが、中国を旅行してみると、中国は大きな平野の国で、川はあっても滝などなかなかあるものではない。中国の辞典を見ると、「滝」というのは日本で言えば単なる急流という意味らしい。黄河の中流、山西省と陝西省との省境に龍門という流れの速いところがある。鯉がそこを登りきると、竜になるという言い伝えがあり、それを鯉の滝登りというのだそうである。その話が滝の多い日本では、高いところから垂直に落下する流れの中を、鯉が登っていくというように誤解されたようだ。そう言われてみると、いくら勢いのいい鯉でも、華厳《けごん》や那智《なち》の滝のような激しく落下する流れの中を登っていくことは到底できそうにない。

ところで私は最近、山梨県の笛吹川《ふえふきがわ》の上流の村へ行っておもしろい話を聞いた。その村には滝がたくさんあるのだが、ときどき鯉がその滝の濡れた岩の面に吸いついていることがある。あれは鯉が濡れた岩をつたって登るところだと言うのである。鯉が直立している岩壁に吸いつく能力があるかどうか怪しいが、あるいは鯉はそういう思いがけないことができるのかもしれない。「コイは思案のほか」という言葉もあるのだから。

「お母さん」の名づけ親

五月の第二日曜日は、母の日。日ごろ苦労をかけているお母さんに感謝して、カーネーションなどを贈る日となっている。

この「お母さん」という言葉は、いまでは日本国中どこへ行っても押しも押されもせぬ標準語になっているが、明治の末のころまでは、東京では士族階級の人たちはオカカサマと言い、町人階級の人たちはオッカサンと言うのが普通だった。文部省ではそんな身分・階級によって違った言葉を子供に使わせるのは良くないと考えて、明治三七年に初めて小学校の国語の教科書で、お母さんという言葉を使ってみたのだそうだ。しかし私の母などもそうだったと言うが、呼ばれる側も呼ぶ側も誰もがお母さんという呼び名は照れくさくて、自分の母親に向かってそう呼ぶ人は誰もいなかったという。そしてその教科書は特別に「お母さん読本」というあだ名で呼ばれたそうである。

なお、この「お母さん」は、「おかたさま」から出た言葉。もともと上流の家庭では「奥方」という意味の「北の方」という言葉を省略して、それに「お」をつけて「おかたさま」と呼んでいたが、江戸時代には「お内儀さま」ぐらいの意味にランクが下がっていた。なお、京都・大阪では江戸時代の末ごろ、自分の母親を「お母さま」と呼んでいる家庭も結構あったようだ。

さて、そんな文部省の肝煎《きもい》りでこのお母さんという呼び名は始まったのだが、現在誰もがお母さんと普通に呼んでいるのを見ると、やはり教育の力というものはすごいものだと思う。

感謝感激雨あられ

「このたびの市長選挙には、大差をもって私めが当選、これひとえにみなさまがたの御声援、御引き立てによるものと、まことに感謝感激雨あられ……」というように、「感謝感激雨あられ」という言葉はよく使われるが、これはどういういわれがあるのだろうか。ほかの人から感謝されるならば、「雨あられ」と言ってもおかしくないが、自分が感謝するのに「雨あられ」と冗談のような言い方をするのは少し変だという気がする。これは、自分の感謝感激の仕方が「雨あられ」という意味ではない。有名な歌の文句の語尾をちょっと言い換えて生まれたものなのである。

明治三七年、日本はロシアと戦争を始め、六月一四日の夜、常陸《ひたち》丸という運送船が多くの兵隊を乗せて出航した。そして敵が守っている旅順に一路向かい、馬関《ばかん》海峡を出たのである。ところが、翌日一五日、日本海上の晴れてゆく濃霧の向こうに黒い影を発見した。あわや敵艦と思う間もなく、むこうは大きな戦艦三隻。監督将校の山村中佐は船長に急いで全速力で方向転換を命じたが、敵に砲弾を撃ち込まれ、いまはこれまでと、監督将校以下日本の軍人たち一同腹を切り、あるいは海へ飛び込んで戦死をした。

その話が日露《にちろ》戦争後日本に伝えられ、池辺《いけべ》義象《よしかた》という国文学者が「常陸丸」という琵琶歌を作り、その悲壮な最期を称《たた》えた。これが筑前《ちくぜん》琵琶の名曲として人口に膾炙《かいしゃ》するようになったのだが、この中に敵の砲弾が常陸丸を目がけて飛んでくるところを「乱射乱撃雨あられ」と表現した。乱れて射る、乱れて撃つ、その砲弾が雨あられのようだという意味である。この琵琶の曲が広く歌われたところから、誰かが洒落《しゃれ》で、「感謝感激雨あられ」と言った。これがいまも残っているのだが、琵琶の曲を知らない方には想像もつかないことだろう。

東西お品書きくらべ

夏の間はよく冷えたビールで一杯、寒くなってくれば熱燗《あつかん》で一杯、とお酒を飲む人にとっては一年中飲む口実にはこと欠かないようだ。私は残念ながらほとんど下戸に近いのでうらやましい限りである。

ところで、料理屋などに行くと、お酒の肴《さかな》として最初に出てくるちょっとした料理に「お通し」というのがある。いつか友人と大阪の道頓堀《どうとんぼり》のビヤホールに行ったら、お品書きに「突き出し」というのがあり、頼んでみると運ばれてきたのは何のことはない枝豆だった。関東で言う「お通し」は関西では「突き出し」。「通す」と「出す」という、正反対な言い方になるのはおもしろいが、それにしても「突き出し」というのはちょっと乱暴な言い方という気もする。

このように関東と関西では言い方が違う例はほかにもあって、お酒のダメな私でもこれには目が無い甘党の好物の「おしるこ」である。関東では、こした餡《あん》で作ったものを「御膳《ごぜん》じるこ」、そしてつぶし餡で作ったものは「田舎じるこ」と言っている。しかしこれが関西に行くと、「御膳じるこ」のことを「しるこ」、「田舎じるこ」のことは「ぜんざい」というように呼び分けている。関東は、こした餡の方を「御膳」などと呼び、ちょっとオツにすましてみたのだろうが、これは「しるこ」「ぜんざい」と、あっさりとわかりやすく呼んだ西の命名に軍配が上がるような気がするが、どうであろうか。

海へンの言葉

八月ともなると、キラキラ光る海が恋しい季節になる。わが国は四方を海に囲まれているから、なおのこと海に親しむ気持ちが強いのかもしれない。ところで漢和辞典を使うとき、字を構成するヘンとか部首で字を調べる仕組みになっている。これでおもしろいと思うのは、革ヘンとかケモノヘンなど、牧畜に関するヘンがやたらに多いことだ。漢字が生まれたのは中国。牧畜が盛んで、革製品などをたくさん作った国だからこそだろう。「かわ」という字に「皮」と「革」というようにわざわざ二つの漢字を作ったことからも、いかにそうしたことに関心が深いかが知られる。

そこへいくと少ないのが、水に関する漢字だ。すべてをサンズイという一つのヘンで済ましてしまっている。これが日本だったら、おそらく海に関する言葉は海ヘン、川に関する言葉は川ヘン、そして水一般に関する言葉は水ヘンというように、細かく分類したことだろうと思う。

英語でも、この辺の分類はおおざっぱだ。sea holly という名前があったので、私はてっきり海の中に育つヒイラギの形をした海藻だと思ったら、これは浜ヒイラギのこと。sea anemone というのはイソギンチャクのことで、こっちは海の中の生物のことである。日本語だったら、「浜なんとか」「海なんとか」と細かく分類して命名するはずである。例えば海ほおずき、浜えんどう、磯ぎんちゃくと名前を聞くだけで、それがどこに育つものであるかがいっぺんにわかる仕組みになっている。また日本語では海の中にいる生物に関しても、詳しく名前をつけている。英語では、クラゲをジェリーフィッシュ、ヒトデはスターフィッシュと呼ぶ。なぜサカナ以外のものまでひとくくりにフィッシュにしてしまうのか。日本人の感性から言うと、首を傾げてしまうところだ。

お寿司《すし》屋さんに行くと、大きな湯吞《ゆの》み茶碗《ちゃわん》に、鰯《いわし》、鯖《さば》、鮪《まぐろ》、鮭、鯵《あじ》、鰹《かつお》と名前がざっと書かれているのを見ることがある。一つ一つのサカナに漢字、この場合は日本で作った和製字で国字というべきものだが、それをあてるほど、日本人のサカナに対する思いは深いのである。

スペインに行ったとき、サカナのフライが出てきた。日本人はサカナに関心があるので、「これは何のサカナか?」と、ボーイに尋ねた。彼はわからず、奥に聞きにいって、しばらくしてうれしそうな顔をして「わかった、わかった」と言いながら戻ってきた。そしておもむろに「これはシーフィッシュだ」と答えたので、思わずフォークを取り落としそうになったことがある。ヘブライ語ではヒラメとカレイのほかは、みんなサカナと一言で片づけてしまうとか。というより、ほかにそんなにサカナの種類がないのだ。私たちは海に囲まれている有難さを、おいしくて種類のいっぱいあるサカナを食べられるという点でも、もっと感謝しなくてはいけないのかもしれない。

猫も杓子も

日本人は流行に大変敏感だと言われる。確かに街を歩いていると妙な格好をした若い人がぞろぞろ歩いている。「猫も杓子《しやくし》も何も揃いも揃って、あんな格好をしなくっても」などという声もよく聞かれるわけだが、さて、この「猫も杓子も」という言葉はいつごろ始まったのだろう。突拍子もない取り合わせだけに、ちょっとユーモアを感じるが、この語源はというと諸説ふんぷんである。

滝沢馬琴《たきざわばきん》は『南総里見八犬伝』の中で、「禰子《ねこ》も釈子も」と書いている。「禰子」とは神主の意味で、「釈子」は僧侶《そうりよ》のことである。「神仏に仕えるような偉い人たちまでも」という意味と解したもののようだ。

ほかにも地方によってさまざまな説があるようだが、楳垣実氏の研究によると、新潟県のある地方に、「盆には猫も杓子も手ぬぐいをかぶって踊る」という意味の盆踊りの歌があるそうだ。そしてまずい顔のことを「猫づら」とか「杓子づら」とか呼ぶのだとか。つまり、「そのような不器量な顔の人まで、誰もかれもみんな」という意味ではないかと言う。

それにしても、「猫」に関する言葉やことわざというのは、ほとんど悪い意味のものしかないのはどうしてだろうか。これ以外にも、「猫の額ほど」とか「猫に小判」「猫ばば」など、あまり誉められた表現はない。しかしそれでは犬の方がマシかというと「犬死に」「犬ざむらい」「犬食い」など、やはりあまりいい意味の言葉はない。犬にしても猫にしても昔からあんなに人に愛されたのに、動物愛護協会からクレームが来そうな言葉ばかり並んでいるのは不思議である。

風流なお菓子

名月をとってくれろと泣く子かな

一茶の俳句にあるように、昔から日本人にとって中秋の夜空にかかる満月ほど、心惹《ひ》かれるものはないようだ。「名月」「望月《もちづき》」「満月」「今日の月」「月今宵《つきこよい》」など、さまざまな名前をつけて、月の美しさを愛《め》で、鑑賞した。

ところで「最中」というお菓子がある。餅米《もちごめ》をこねて薄く焼いた皮の間に餡を詰めた菓子のことだが、語源は「最中の月」である。つまり十五夜の満月のことだった。もともとは現在のような長方形や四角形のものではなく、まん丸の形をしていたようだ。

和菓子の名前には、このように、なかなか風流な趣向を凝らしたものが多い。例えば煎餅《せんべい》の一種の「あられ」は冬の初めころに降ってくる「霰《あられ》」からとったものだろう。いまのものよりもっと小粒の餅を硬く焼いたもので、本当に霰のような大きさをしていたのだが、最近はもっと大粒のものが多くなり、私のような老人の入れ歯ではとても歯が立たないというものまで現れた。「かのこ」は鹿の子の意味で、鹿の子には背中に白い斑点《はんてん》がある。餡《あめ》を餅で包み、周りに小豆《あずき》や隠元豆を白い斑のようにつけたところから、この名がついた。「しぐれ」は餡をそぼろに煮て、秋の終わりに降る雨のように細かい粒状にしたものを言い、時雨《しぐれ》ようかんや黄身時雨という菓子の名前になった。

私の大好物に「すあま」という菓子がある。若い人はほとんど知らないだろうが、薄いピンク色をして細かいギザギザが入った蒲鉾《かまぼこ》型のほの甘い菓子である。漢字では「素甘」と書く人が多いが、これはちょっと違う。本当は「洲浜《すはま》」が正しく、一つ一つの菓子の切り口を、海岸に砂が打ち寄せた形に見立てたところからつけられた名前なのである。何とも粋な命名ではないか。

干菓子と駄菓子の中間のような菓子に「松風」というのがある。小麦粉を溶かして平たく焼き、表に砂糖液と青海苔《のり》と芥子《けし》粒で海岸の松の木のようなものが描いてあった。ただし、裏には何も描いてない。なぜこれを「松風」と名づけたのだろう。『橘庵漫筆』という江戸時代の本を見ると、「裏には何も描いていないから寂しい」、つまりうら寂しい、ということで「松風」なのだとか。これなどは昔の人の風流心がわからないと、見当もつかない命名ということになる。

隣の国の中国でも、満月にちなんだお菓子がある。やはり丸くて、餡を胡麻《ごま》油の入った小麦粉で包んで焼いたものだが、名前は「月餅《げっぺい》」。大変即物的でわかりやすいが、あまり風流心は感じられない。また西欧では、アイスクリームに添える細長いクッキーのような菓子のことを「レディスフィンガー」と呼ぶそうだ。つまり女性の指のことである。体の一部の名を菓子につけるなど、日本人にはおよそ考えられないことである。

和菓子の名前には、日本の季節感のようなものも、そこはかとなく込められている。私たちは「うぐいす餅」が出ると春の訪れを思い、「葛《くず》ざくら」には夏の気配を感じる。ティラミスとかパンナコッタとか、最近の流行の洋菓子にばかり若い人の目がいくようだが、ときには和菓子を手に取って、日本の自然の風物の美しさ、季節感の見事さも感じ取ってほしい。

京都の秋の空

「女心と秋の空」「男心と秋の空」、どちらが変わりやすいか、最近はよくわからないが、いずれにしても昔から、秋の空模様は変わりやすいということになっている。「男の心と川の瀬は一夜に七度も変わる」という言葉もあり、「秋の日和と女の心は日に七度変わる」という諺《ことわざ》もあるとか。秋は「飽き」に通じるところから生まれた言葉かもしれない。

私も子供のときから何となくそういうものかと思っていたが、しかし気がついてみると、どうもぴんとこない。秋は秋日和、行楽日和などという言葉もあるぐらいで、運動会や文化祭、ハイキングという催しものも多く、むしろ一日お天気に恵まれたということが多いのではないだろうか。

実はこれは関西の方のお天気のことで、東京の秋の空のことではないということを、後になって知ったものである。京都あたりでは、秋の空というものは、本当に変わりやすい。午前中いいお天気だな、と思って安心して出かけると、昼ごろちょっと北の山に雲がかかったかと思う間もなく、パラパラと時雨が降ってくる。いわゆる「北山しぐれ」というもので、その後からまた日が差してきて、今度はしばらく「きつねの嫁入り日照雨」というような具合になる。一日のうちにめまぐるしくクルクルと天候が変わるのだ。

春雨も京都あたりは本当に霧雨のように降り、東京の雨とは趣が違う。お天気に関する言葉というのは、古くから京都を基準にしているものが多いということらしい。

異色な案山子の歌

「倒れたる案山子《かかし》の顔の上に天」という俳句もあるように、黄金色に色づいた稲と、カカシとは私たちにとって幼いころから切っても切れない関係である。

カカシは全国的には「かがし」と呼ばれているところが多い。もともとカカシというのは人間の毛髪を焼いたものを竹に挟んで立てたり、ぼろ布やイワシの頭を焼いて、くしに挟んであぜ道に立て、その悪臭によって鳥や獣を追い払うのが起こりだった。いわば毒ガス作戦とでも言おうか。臭いにおいをかがせる意味だったのである。それがいまのように人間の形に変わったのは、人に似せて鳥や獣を脅かすというよりも、むしろ田の神として田圃《たんぼ》を守ってもらおうという気持ちの方が強くなったのだろう。

カカシになぜ「案山子」という難しい漢字をあてはめるのかは諸説がある。一番一般的なのは、昔中国に案山という、上が平たい山があり、その平たい部分に畑が作られていた。そこにカカシが立てられたので、人々が親しみを込めて案山の人、つまり

なる。「案山子」と呼んだというのである。カカシもこういう漢字をあてると大分偉そうに

ところでみなさんは子供のころ、「山田の中の一本足の案山子」という歌を歌ったことがあるだろう。文部省唱歌の一つ「案山子」という歌である。この歌がおもしろいのは、徹底的にカカシをからかっている点である。

山田の中の一本足の案山子
天気のよいのに蓑笠《みのかさ》着けて、
朝から晩までただ立ちどおし。
歩けないのか山田の案山子。

普通なら、案山子さんご苦労さん。雨の日も風の日も、朝から晩まで大切なお米を守るため、私たちの代わりに立ち通しに番をしてくれて、本当にありがとう、というような内容の歌詞ができるはずである。まして文部省唱歌はどちらかと言うと、子供たちに勤勉実直の大切さとか、物に託して教えを垂れる、という思想のもとに生まれた歌が多い。例えば「庭の千草」の最後は「人のみさおも、かくてこそ」と結ばれている。「春の小川」の最後は「においめでたく　色うつくしく咲けよ咲けよと　ささやく如く」と、花にはっぱをかけている。

なぜこうした中で「案山子」だけが異色の内容になったのだろうか。この歌の作者はわかっていないが、しかしもともと子供の歌であるわらべ歌には、相手をからかう内容の歌が非常に多い。例えば「弱虫毛虫、挟んで捨てろ」とか「みっちゃんみちみちウンコして」など、子供の正直な気持ちをぶつけたものが結構ある。

この歌の作者は、そんな子供の心に立ち返って、カカシをからかってみたかったのだろう。もしも「案山子」がカカシの愚直さをたたえるような内容の歌だったら、こんなにも人の心に残るものにはならなかったかもしれない。ただし、この年になってこの歌をよく聞くと、何となくわが身になぞらえるようでもの哀しくなるのは私だけだろうか。

本名はアリノヒフキ

ボタンとかバショウとか中国から来た植物は漢語で、つまり昔の中国語で名前がついているが、日本に自生していながら日本語で呼ばれず、中国語で呼ばれている植物もいくつかある。

秋の初めころ野山を彩るキキョウなどがその代表的なもので、キキョウという名前は中国語である。この植物にはもともと日本語の名前もあった。『本草和名』という平安朝の植物の辞典では「桔梗《ききよう》」という字に対して、アリノヒフキという別名がついている。どうしてそのように呼ばれるようになったかと言うと、これは地方の子供たちの間ではまだ残っている遊びから来たものだ。アリが道端などにたくさん群がっているところを、キキョウの花でたたく。するとアリの持っている蟻酸《ぎさん》によっての働きだろうか、紫色のキキョウの花が一斉に紅い色に変わってしまう。まるでアリが火を噴いたようなので、アリノヒフキという名がついたという。実におもしろい名前である。

キキョウ以外に中国語で呼ばれる代表的なものは、ショウブ、リンドウ、スイセン、クコ……といろいろある。しかし共通して言えることは、どれも薬草だということ。つまり漢方薬などの原料になるものは、漢語の名前がつけられたのであって、そうした役に立たないものは、名前をつけてもらえなかった。キキョウからすれば、もともとあったアリノヒフキという名前の方が覚えてもらいやすくてよかった、と言うかもしれない。いや、キキョウの方が偉そうでいい、と言うだろうか。

水とお湯

外国のホテルに行って、お風呂でお湯を出そうと思ったら、冷たい水が出てきて、どっちがお湯のスイッチなのかわからなくて困った、なんていう経験の人も多い。欧米ではお湯は hot water と言い、熱い水、と表現する。

日本語には「水」という単語と、「湯」という単語と二つあるが、こういう国は世界では珍しいのだとか。これは漢字、つまり中国から来た文字だから、中国でも両方あるのかと思うが、中国で「湯」はタンといって、スープのことを言う。「湯」のことは「開水」と言わなくてはいけない。だからやはり水の一種になるのである。唐の時代に白楽天《はくらくてん》が書いた「長恨歌」の中で、楊貴妃《ようきひ》が入浴したお風呂のことを、「水滑らかにして、凝脂を洗う」と表現している。日本人だったら「お湯滑らかにして」と書いたことだろう。

なぜ日本では「水」と「湯」の二つの言葉があるのだろう。それは日本は世界でも珍しい温泉国だからである。日本に最初に来た人たちは、きれいな水がたくさん流れているのを見て驚き、そして地面から熱い温泉が噴き出しているのを見て驚いた。それで冷たい方を「水」と呼び、熱い方を「湯」と呼んで分けたのである。つまりわざわざ水を沸かさなくても、最初から熱いお湯があったから、この「湯」という言葉が生まれたのだと思う。

この言葉のおかげでたくさんの楽しい単語も生まれた。例えば「湯上がり」とか

「ゆかた」、そして「湯づかれ」なんて言葉もある。「お金を湯水のように使う」という表現などは、まさに温泉に恵まれた国だからこそ、できた言葉なのかもしれない。

熊の掌がおいしいわけ

知里真志保《ちりましほ》さんというアイヌ人の学者が著したアイヌ語・日本語の辞典がある。人体編・動物編・植物編というように分冊されているが、人体編というのを見ると、その詳しいこと。「心臓」でも「胃」でも「肺」でも「腎臓《じんぞう》」でもみんなアイヌ語が並んでいて、まるで医学の本でも見ているようである。日本語でこういう辞典を作ったら「胃」とか「肺」とか「心臓」とか「腎臓」とかの漢語が並ぶだろう。つまり、日本人は中国人から教わって初めて内臓の名前を覚えたのである。

日本語にはもともと内臓の名前がないのに、どうしてアイヌ人は中国人や欧米人なみに臓腑《ぞうふ》の名に詳しいのだろうか。これは食物の違いである。日本人はほとんど獣の肉を食べないが、中国人や欧米人は豚や牛の肉を食べ、アイヌ人は熊の肉を食べたようだ。そうして獣を殺し解剖すれば、自然に肺でも心臓でも名前をつけていく。

アイヌ語でおもしろいのは、掌《てのひら》の横のところ、小指のつけ根に「ピソッ」という名前があることだ。日本語ではこんなところに名前はない。ただし、力道山が空手チョップをしたところなので、もしかしたら彼だけは名前をつけていたのかもしれない。

アイヌ語にはその名前があるのはなぜかと言うと、熊の肉の中でここが一番おいしいからである。中国料理でおいしいものが三つあり、それは燕《つばめ》の巣と猿の脳味噌《のうみそ》と熊の掌だと言う。それは中国の熊は冬眠の前に、蜂の巣を襲って蜜《みつ》を掌に塗り込む。冬眠の間目が覚めると、掌をペロペロなめるのだそうだ。北海道の熊は蜂蜜の代わりにこの「ピソッ」で蟻をすりつぶし、その汁をつけ、冬眠のとき目が覚めるとそれをなめるという。だから中国にしても北海道にしても、熊の肉の中でも掌のこの部分が一番おいしいのだそうだ。

風呂敷とユカタ

「かみそり」というものがあるが、いまそれで髪を剃《そ》る人はいないだろう。あれは髭《ひげ》を剃るのに使うから本来は「ひげ剃り」と言って然《しか》るべきだが、昔は坊さんたちが、髪を剃るために使っていた道具だった。その用法が変わっても名前が変わらないという例で、これなどは容易に昔の生活が想像できるので、語源がわからないという心配はない。

「風呂敷」となると、もとの用法がいまは全然なくなってしまって語源は聞かなければわからなくなってしまった。昔は風呂屋に脱衣籠《かご》など置いてなかったので、裸になったとき、脱いだ衣類や着替えの衣類を置くために床に布を敷いておく必要があった。これが風呂敷である。行きには着替えの衣類を包んで持っていき、帰りにはいままで着ていた衣類を包んで持ってかえるために使ったのだが、後世はそのものを包んで運ぶという用法の方だけが主になったのである。

では、ユカタの起源は何だろうか。昔日本人が風呂に入るとき——そのころは蒸し風呂だったので——裸では入らなかった。薄いひとえの着物を着て入り、これをユカタビラと呼んでいた。近世になって、いまのようなお湯の風呂になると、着物を着たまま入ったのでは気持ちが悪い。そこで裸で入るようになり、その代わりお湯から上がったときに、さっぱりしたひとえの着物を着て湯上がり気分を楽しんだ。それをユカタビラと言ったのだが、それでは名前が長すぎるというので、いつのころからかゆかたと呼ぶようになった。習慣や風俗の変遷が、言葉の語源を知ることでわかってくるのは興味深い。

お帰りなさい

東京をはじめ多くの地方では人を送り出す場合には「行っていらっしゃい」と言い、

帰ってきた人を迎えるときは「お帰りなさい」あるいは丁寧に「お帰りなさいませ」と言う。行く人に向かって「行っていらっしゃい」と言うのは理屈に合っているけれども、帰ってきた人に対してあらためて「お帰りなさい」と言うのは何となく変な感じがする。

ところが、似たようなおかしなことが京都・大阪の方にもある。例えば、お店や宿屋などで、来たお客に対しては「おいでやす」と言い、お客として帰ってきた人を迎えるときにも「おいでやす」と同じ言い方をするのである。なぜ同じ言い方になるのかと言うと、愛知県の名古屋郊外あたりでは、人を送り出す場合には「お早うお帰り遊ばせ」と言い、帰ってきた人に対しては「お早うお帰り遊ばせました」と言う。ところが、この「遊ばせ」や「遊ばせました」の「ばせ」を略して、行く人に「お帰りあす」と言い、帰って来た人にも「お帰りあす」と言うようになったのである。そうすると、京都・大阪の行く人に言う「おいでやす」の「やす」は「遊ばせ」のアソがアソ→アス→ヤスの変化した言葉で「やす」としか言わなくなったのだろう。行く人に対しては「お早うおいで遊ばせ」と言い、お客さんが帰ってきたときには「お早うおいで遊ばせました」と言っていたのが、「あそ」しか言わなくなって省略した形になったものらしい。

そうすると、東京の「お帰りなさい」も古くは行く人に対しては「お早くお帰りなさいませ」と言い、帰ってきた人に対しては「お早くお帰りなさいました」と言っていたのだろう。それを「ました」の部分を省略してしまったのが現在の形だということになる。

島の人情

関東地方の方言といっても一概にこうと言いきれないほどさまざまだが、特に伊豆七島は特異だ。私もかつて伊豆七島に方言を調べるために渡ったことがある。いまではどうか知らないが、そのころは島によっても、また地域によっても非常に珍しい言い方が残っていたものだ。

特に印象的だったのは神津島《こうづしま》の船着き場で、おばあさん同士が抱き合ってお互いに肩をなでながら「かわいやのう」と言葉を交わしていたシーンだった。「可愛い」と私たちが言うときは、愛らしいという意味だが、このおばあさんたちの「かわいやのう」という言葉には「会いたかった」とか「元気でいたか」とか「久しぶりだね」とかいろいろな意味が込められていて、しかも相手を思いやる気持ちにあふれている。何とも心に残る表現だなと思ったことであった。

また利島《としま》では「行かない」を「行かん」と言う。「雨が降らん」「気が利かん」というように語尾が関西風である。「かわいやのう」の「のう」もそうだが、なぜか関西的な語尾が残っている。大変古い語尾もあって、とっくに私たちが使わなくなった「そうろう」という言葉を使う地域もある。もっとも「そうろう」とはっきり言うのではなく、「そう」と略して言うことが多い。「東京に行ったことがあるそう」「明日は天気がいいそう」というように使う。この「そう」は私たちが「さ」と言うときのニュアンスに近いだろう。「東京に行ったことはあるさ」と言うときは「あるに決まってるじゃないか」というような意味合いがある。「そうろう」が「そう」になり「さ」に変化したのだろうか。

このような言い回しは伊豆半島の方言と共通する部分が多く、島と伊豆半島とのつながりの深さが感じられる。ところが島の中で大島《おおしま》だけは房総《ぼうそう》半島との共通点が多い。例えば大島ではカ行がア行に変化する。「タバコの煙を吹く」は「タバオの煙をフウ」になる。何とも心許《こころもと》ない言い方だが、昔は千葉県でもこうした表現をする漁師の人が多かった。

七つの島の中でもっとも特殊な方言を使うのは、八丈島《はちじょうじま》である。大変古い言い回しが多く「おいでください」を「おじゃれ」、「愛し子《いとこ》」を「かなしご」、「来てください」を「来てたべ」、「飯茶碗」は「ゴキ」と言う。こうした言葉の背景には、八丈島が昔から流人を多く受け入れてきたという歴史があるようだ。流人たちが日本各地からの言語を持ち寄った結果、このような方言が生まれたのではないかと、八丈島で方言研究をする浅沼良次《あさぬまりょうじ》氏は推察する。

私が昔、八丈島の旅館に泊まって帰るとき、仲居さんが別れ際に「思うわよう」と言ってくれた。断っておくが、私と彼女が特殊な関係になったわけではない。「いつまでも忘れませんよ」という意味をこのような言い方で表現してくれたのである。一般に島の言葉は人の情けに厚く、細やかな心遣いに満ちた言い方が多い。遠くから来た流人や漁師は、島の人たちの温かい心配りにどれほど慰められたことだろう。

中国人の誤解

二一世紀に最も発展する国は人口の多さから言っても資源の豊かさから言っても中国だろうというのが、世界の経済学者の予想だそうだ。

日本ははるか昔、たくさんの文化を中国から輸入して成り立った国。私たちが日ごろ使う漢字も中国から伝わったものだ。だから語彙《ごい》の意味も同じであると思いがちだが、長い間には変わってしまったものもいっぱいある。

例えば中国を旅行すると、あちこちに「小心」という言葉を見つける。地下鉄に乗ると「小心月台空隙」という文字がある。これはプラットホームと電車の間に隙間があるから注意しなさい、という意味で、「小心」とは注意の意味なのである。日本語では「小心」というと、肝っ玉の小さいことになる。もともとの注意という意味から、日本語では臆病で用心深いという意味に変化したのだろう。

「手紙」という言葉も中国と日本では違う。中国ではちり紙、つまりトイレットペーパーのことだ。昔「手紙」という名前のロマンチックな歌がヒットしたことがあったが、中国人から見たら、ちり紙がなぜ歌のタイトルになるのか首をかしげることだろう。

物議をかもしそうな言葉が「愛人」だ。大学の先生をしていたころ、中国の先生が愛人を一緒につれて来日するというので、こちら側はどういう対応をしたらいいか頭を悩ましたことがあった。ところが来てみたら愛人とはれっきとした妻のこと。何だ、と気が抜けてしまった。このほかにも「迷惑」というのは迷うこと、「勉強」は無理に強いること、「用意」は意図することなど、日本で使われているのとは大分意味が違う使い方をしている。

逆に中国人が日本に来てびっくりすることもあるようだ。例えば「東京海上火災」

などという看板を見ると、「東京湾で火災がおきた」というように読めてしまう。ある中国人が日本の工場を視察に来て、目を見張ったものがあると言う。それは近代的なシステムでも何でもなく、「油断一秒、怪我一生」と書かれていた一枚の看板だった。彼は「もしも一秒でも油を絶やすことあらば、我をとがめること一生であれ」と解釈したのだ。こういう心構えで一人一人の工員が働いているから、日本は世界に名だたる工業国になれたのだ、と納得して帰っていったとか。

言葉だけでなく、中国と日本では古典の解釈も少し違う。『史記』に「桃李《とうり》言わざれども、下自ずから蹊《みち》をなす」という有名な一節がある。有徳の士のもとには、その人格を慕って、多くの人が集まってくるという意味だが、日本人が解釈をつけると、桃やスモモの花は美しいから、自然に木の下に道ができる、となる。しかし中国人は桃やスモモの実はおいしいから、それを食べようとして道ができる、と解釈するのだとか。何ごとも実用性を尊ぶのが中国人の国民性のようだ。

日本と中国とは一衣帯水の隔たりしかない。だからといって考え方まで同じというわけではない。日本が中国とうまくつきあおうとするなら、このあたりの些細な誤解をしっかり解いてから取りかかる必要がありそうだ。

私の解釈

わが姓名判断

世の中には、親から貰ったりっぱな名前を持ちながら、姓名判断とかいうものに迷わされて、妙な読みにくい名前に改めて、それで納得している人がある。あのような、漢字の画数を数えて、人の運命が決まるとはあまりに馬鹿馬鹿しい考えであるが、易者が部厚い漢字字典を開いて、この漢字の正しい字画は……などとやられると、ついその気になるのであろうか。

私は姓名判断というものをほとんど信じないが、名前を見ただけで縁起が良さそうだとか、恐ろしいことになりそうだとかいった予感を持つことがある。

ことに、歴史上の人物の場合、いい名前と忌まわしい名前があるような気がする。江戸時代以前、人は公卿《くぎょう》でも武士でも、ヨシ・アキとか、タカ・ノリとか、二つの部分に切れる名前を持っていたが、あの上半部・下半部にはどうも人がらを表すものがあったようだ。「重」という字を前半に持つ人の名には、平重盛《たいらのしげもり》、畠山重忠《はたけやましげただ》、木村重《きむらしげ》成《なり》などがあり、誠実で、皇族や主君に忠勤を尽くした人という印象を受ける。「宗」という字を後に持つ名前は、北条《ほうじょう》時宗《ときむね》、伊達《だて》政宗《まさむね》、徳川《とくがわ》吉宗《よしむね》といった、剛毅《ごうき》な名門の家督を継いだ人が多いような感じがある。

それでは不幸な名はどういう名であるか。

上につく字では「勝」はどうも天寿を全うしない。武田《たけだ》勝頼《かつより》は、父信玄《しんげん》から甲斐《かい》・信濃《しなの》・駿河《するが》の国を譲られ、自身勇猛な人ではあったが、織田・徳川《とくがわ》二氏に攻められ、最後は天目山《てんもくざん》の麓《ふもと》で、一族滅亡の悲哀を味わっている。もう三カ月長らえたら、信長が本能寺で殺されたから、死なくても済んだろうと思うと悲運の武将である。一方、勝頼が織田・徳川と長篠《ながしの》で戦ったときに、徳川方の奥平《おくだいら》信昌《のぶまさ》に忠勤をはげみ、その居城を救った英雄鳥居《とりい》強《すね》右《え》衛門《もん》は不幸にして勝頼側に捕らえられて磔刑《はりつけけい》に処せられるが、彼は勝商《かつあき》という名前だった。

また織田信長の臣下で第一の勇将、柴田《しばた》勝家《かついえ》は、のちに豊臣《とよとみ》秀吉《ひでよし》と賤ケ《しずが》岳《たけ》に戦って敗れ、越前《えちぜん》北の庄で自刃して果てたことは知られるとおりである。石田《いしだ》三成《みつなり》に惚れられ、その領地を半分分けてもらったという名将島左《しまさ》近勝猛《こんかつたけ》も、関ケ《せきが》原《はら》の戦いでは一敗地に塗《まみ》れ、あえない討ち死にをしている。大坂夏の陣で、真田《さなだ》幸村《ゆきむら》とともに、最後の最後まで大坂側の勇士として戦い、斬り死にをした毛利《もうり》勝永《かつなが》という勇士もあった。また、これはあまり知られていないが、山中鹿之介《やまなかしかのすけ》が、出雲《いずも》の尼子《あまこ》城にたてこもって毛《もう》利《り》に抵抗したとき、奉じた尼子の幼君は、尼子勝久《かつひさ》という名だった。

次に下につく文字では「盛」がよろしくない。

平家一門は何盛・何盛と呼ばれ、これは家の持字だから仕方がないとはいえ、平知《とも》盛《もり》、宗盛《むねもり》、経盛《つねもり》、教盛《のりもり》、通盛《みちもり》、敦盛《あつもり》……といった多くの人が、一ノ谷の戦いで戦死し、あるいは壇ノ浦《だんのうら》の戦いで、海に沈んだり、捕らえられた上で、首を斬られたことを考えると、やはりよくない名前といってよさそうだ。源氏側には、下に盛のつく名前に和田義盛《わだよしもり》と伊勢義盛《いせよしもり》と二人いるが、和田義盛は源頼朝の信任を受け、侍所別当《さむらいどころべっとう》という大役に任ぜられながら、北条氏の戦略によって、あえない最期を遂げている。伊勢義盛は源 義経《みなもとのよしつね》に仕えたために、最後は衣川《ころもがわ》で弁慶《べんけい》とともに主君に殉じている。

同じころの武士で、保元《ほうげん》・平治《へいじ》の戦いでは源氏について負け、年老いてからでは平家に従って、木曾義仲征討の軍に加わり、篠原の戦いで戦死した、負け運につきまとわれた武将は、斎藤実盛《さいとうさねもり》と言った。

戦国時代には、信盛《のぶもり》という武将が二人あり、一人は織田信長の部下の佐久間《さくま》信盛、もう一人は武田勝頼の弟の仁科《にしな》信盛である。佐久間の方は本願寺《ほんがんじ》征伐に失敗して信長の怒りを買い、紀州《きしゅう》の山中にさまよい餓死したと伝える。仁科信盛は、伊那《いな》の高遠《たかとお》城で織田の大軍の攻撃を受け、悲壮な最期を遂げた。

増田長盛《ましたながもり》という人は、豊臣秀吉に愛され、石田三成たちとともに五奉行のうちに名を連ねながら、関ケ原の戦いで石田側についたため、徳川家康《いえやす》に領地を没収され、武蔵《むさし》国岩槻《いわつき》に幽閉された。大坂夏の陣がおこったときに、息子の増田盛次《もりつぐ》が大坂側に加わって働いたことがわかり、家康の怒りにあい自刃させられた。

尼子十勇士の筆頭として聞こえる山中鹿之介は、もうちょっとのところで豊臣秀吉の援軍を待ち受けることができず、播磨上月《はりまこうづき》城を落とされ、結局、毛利側の手で殺されたが、名前は鹿之介幸盛《ゆきもり》といった。主君が勝久で、家臣が幸盛ではどうも見込みがなかったようだ。

何盛という名を持つ中で最も著名なのは西郷隆盛であるが、彼が明治維新第一の功臣と言われながら、最後に鹿児島の城山で不本意な最期を遂げたのは、どうも名前が悪かったことになる。

三遷の教え

教育ママなどという言葉が盛んに使われた時代もあったが、いまではみんな教育ママやパパ。わが子をいい学校に入れたい思いは強いようだ。いい学校に入れるために引っ越しをする親も多いという。こういうことで一番熱心だったのは、中国の大昔の孟子《もうし》聖人のお母さんだろう。

初めは墓地の隣に住んでいたところ、孟子はお葬式の真似ばかりして遊ぶようになってしまったのだそうだ。これではよくないと言って、商店街に引っ越してみたところ、今度は、商人の真似ばかりしている。これもいけないというわけで、次は学校のそばに引っ越した。すると、今度はまじめに勉強するようになったので、お母さんもやっと安心したという話である。

ところで、このことを「三遷の教え」と言うが、この呼び方はちょっとおかしいのではないだろうか。孟子の母が引っ越しをしたのは二回だけだから、数えるとしたら「二遷の教え」と言うべきではないか。初めの墓地のそばの家は、もともとそこに住んでいたのだから、一回と数えるのは変ではないかと思う。

同じような言葉に、「七転び八起き」というのがある。これも、初めにまず転び、これが一転びで、一度起き上がる。これを一起きだと数えていったら、七転びしたら、次は、七起きしなければならないはずで、「七転び八起き」というのはどうも変ではないか、ということになる。どうやらその方が語呂《ごろ》がいい、あるいは縁起がいいということで、そう言い習わしたようだ。「三遷の教え」というのも、奇数の方がいいという、中国人独特の考えから生まれた言葉のようで、日本人も中国人もこういうところはいい加減なのかもしれない。

放送で使わない言葉

「明日《あした》はダメですが、あさってなら大丈夫です」というような言い方を私たちはよくする。しかし、あした、あさって、まではいいが、その次の「しあさって」「やのあさって」という言葉になると、どこでも同じ意味に使われるわけではないので、気をつけた方がいい。

実は東日本一帯では、日の数え方が東京と少し違っている。あさっての次は、東京ではシアサッテ、次がヤノアサッテだが、東日本一帯ではあさっての次はヤノアサッテ、その翌日がシアサッテとなる。NHKでは、このことに早く気がつき、天気予報の番組などでは、シアサッテ、ヤノアサッテという言葉は使わないことにしているという。

なぜ、東京は東日本一帯と逆になっているのだろうか。これは京都・大阪などでそのように言うからである。昔、江戸に住んでいた人は、関西の言い方の方が文化が高いと思って、改まったときに関西の言葉を真似した。関東では犬がイル、猫がイルという言い方をする。犬がオル、猫がオルというのは西日本式だが、関東の人も改まると「元気でイマス」と答えるかわりに「元気でオリマス」と言う。

日の数え方も、あした、あさってを改まって言うときは、ミョーニチ、ミョーゴニチと言う。谷のことを「や」と言わずに「たに」と言うのもそうだが、いまの東京の言葉には、そういう思いがけない関西式な色合いの言葉が交じっているのである。

七つの子の年齢

「烏　なぜ鳴くの」と始まる野口雨情《のぐちうじょう》作の童謡「七つの子」は、日本で一番たくさんの人が知っている歌の一つだそうであるが、この肝腎な「七つの子」の意味に七羽の子供だという説と七歳の子供だという説の二通りの解釈があるのをご存じだろうか。

私は七歳の子供だと解するのが正しいと考えているが、童謡コンサートのポスターや、童謡シリーズの記念切手などを見ると、しっかり七羽の子供のカラスが描かれていて、いまのところは七羽の子供説が優勢のようである。カラスは七歳になったら、もうお爺《じい》さんかお婆さんで子供ではないはずだというのが、この説の有力な根拠であるが、少々理屈っぽいように感じるし、カラスがいっぺんに七つもの卵を産むことはないという反対説もあって、どうも動物学的な考え方では、この論争にケリがつきそうにない。そこで言葉の使い方の面と、詩の作られた場面の解釈から、私の考えを述べてみたい。

「可愛い七つの子があるからよ」という詩を言葉の面から見ると、卵ならばともかく、生きている雛《ひな》の数を一つ二つと数えることはないから、「七つ」は七歳を意味するはずである。これに対して、いや、「七羽の子」とするのが本来は正しいのだが、子供の歌として作られたのだから「七つ」という幼子にもわかる言葉にしたんだ、という見方も確かにできるであろう。しかし、もしそうだとすると、今度は言葉の順序がおかしくなってしまう。「七つ」という数を表す言葉と「可愛い」という性質を表す言葉があるとすると、数を表す言葉を先に置くのが普通である。したがって、もし七羽の子供がいたのならば、「七つの可愛い子があるからよ」とするか、「可愛い子が七ついるからよ」となるはずである。このような数と性質の形容詞の順序は、英語や漢語でも同じで、例えば「竹林の七賢人」などは「賢七人」とは言わないのである。数を先に言うのは、国際的な傾向なのではないだろうか。

さて次に、詩のできたときのことを考えてみたい。みなさんもお気づきのことと思うが、この詩は親と子の会話になっている。おそらく若いお母さんであろう、そのお母さんに子供が「カラスはどうして鳴くの、何て鳴いてるの」と聞く。お母さんがそれに答えて、「おまえと同じ、七歳の子がいるからよ。かわいい子ね、と鳴いているのよ」というような会話が想像される。母親にカラスの子供の年などわかるはずがないが、「同じ年の子供がいるんだよ」という意味が込められていた方が、七羽の子供がいるからよと言うよりも、子供は喜ぶだろうし、母親の優しさがより表れているように思う。私が七歳の子供説を支持する最も大きな理由は、ここにある。

さて、本来こうした疑問は詩を作った本人に聞くのが一番いいのだが、野口雨情はすでにこの世を去っていてかなわない。しかし、もし存命中に問いかけたとしても、生前の雨情から想像するに、きっと次のように答えて、結論を出さなかっただろうと思う。

「七づの子が問題になっているんでやんすか、あそこは『七づの子』という言葉の調子がいいど思って作ったンだけなんでやんす。わだすはたくさんの人が歌ってくださればそれが一番嬉《うれ》しいんでやんす。どうも失礼致すやした」

「行く」は「来る」？

日本語の「行く」と「来る」の関係は英語の go と come との関係とよく似ているが、違う点もある。日本人は「あした君のところへ行くよ」と言うが、英語では I will come to your office と言う。つまり「君のところへ来るよ」と言っていることになる。日本語としてはちょっとおかしい。ところが、日本語も地方によっては英語と同じように表現する習慣がある。九州の西南部とか出雲地方などがそれで、この地方は「早く来い」と言われたら、「早う来るぞ」と応じるのだという。

正月になると『百人一首』をする家庭もあると思うが、「名にし負はば逢坂山のさねかづら人に知られで来るよしもがな」という歌がある。あなたが他人に知られないようにして、私のもとへ来てほしいという意味にとってしまいそうだが、本当は、私が他人に知られないようにしてあなたのところへ行く方法はないものかという意味である。平安朝の日本語の「行く」と「来る」の使い方は現在とだいぶ違っていたということを、神戸大学の助教授をやっている若い国語学者の金水敏《きんすいさとし》君（現・大阪大学／大学院教授）が発表した。

同じく『百人一首』の中に「今来むと言ひしばかりに長月の有明けの月を待ちいでつるかな」という歌があるが、「今来む」と言ったのは相手の方だ。現在だったら「いますぐ行きます」とあなたに言われたばっかりに、ついだまされて私は夜明けの月が出るまで待ってしまったという意味なのである。

立派な武将

『平家物語』を読むと、祇王とか仏御前などの白拍子と呼ばれた女性が、平清盛の前に出て、歌い踊って新年の喜びを表す場面が出てくる。

こういう場面でよく使われるのが、「見参」という言葉だ。『平治物語』で源義朝《よしとも》の長男の義平《よしひら》が、寄せてくる平家軍勢に向かって「生年とって一九歳、いざ見参せん」と言っている。この『見参』とは、目上の人が目下の人に面会することだろうか、それとも目下の人が目上の人に面会することだろうか。

『平家物語』を見ると、平清盛が祇王や仏御前に会う場面で「祇王があまりに申し勧むる故、かやうに見参しつ」と言って、目上のものが目下のものに会うことを『見参』と言っている。つまり「会ってやろう」という意味である。ではその反対に、祇王や仏御前が清盛に会うことは何と言っているかと言うと、『見参に入る』という表現を使っている。そうすると先に述べた、義平が「いざ見参せん」と言っているのは、相手を目下のものと見て、「さあ、会ってやろうじゃないか」と言っていることになる。

私がおもしろいと思うのは、同じく『平家物語』の木曾義仲の最期のところで、義仲の乳母《めのと》兄弟の今井《いまい》兼平《かねひら》が敵の軍勢に向かって言っているせりふである。「この兼平を討って、鎌倉殿の見参に入れよ」。つまり敵の指導者に対して「お目にかからせよ」と敬語を使っているわけで、最後まで敵に対する敬意を失わない、立派な武将であったことがこのせりふからうかがえるのである。

義経の真実

旧暦の二月七日は、昔、源平の戦いで、源義経が兵庫県の鵯越《ひよどりごえ》に攻め込んだ日である。

この義経の鵯越のことを、本によると「鵯越の逆落とし」と書いたものがある。「逆落とし」とは、頭が下で、足が上の状態、つまり逆さまになって落ちることで、いくら義経が勇敢な将士だといってもそんな姿勢で敵陣に攻め込むはずはない。鵯越に攻め込んだという意味で、本来なら「坂落とし」と書くべきところを、つい間違えて書いてしまったのだろう。

もっとも「坂落とし」でも、ちょっとおかしい。義経は鵯越を下りたのであって、落ちたのではない。それなら「鵯越の坂降り」とでも言うべきではないだろうか。それをなぜ「坂落とし」と言うのだろう。それは、「降りる」ことを昔は「落ちる」と言ったからである。近江《おうみ》八景の一つに「堅田《かたた》の落雁《らくがん》」というのがあるが、雁は堅田へ降りてくるのであって、落ちてくるのではない。また宮城・福島県の笑い話に、列車の乗務員が「落ちた人が死んでからお乗りください」と言うのがある。「落ちた人」とは「降りた人」のことで、「死んでから」は「済んでから」をなまって発音したもの。地方によっては「降りた」の古い言い方として、「落ちた人」という言い方を残しているところがある。

また、義経たちは鵯越を降ろしたのではなく降りたのに、どうして「逆落とし」という言い方をするのか、不思議に思う人もいるかもしれない。これは歩いて降りたのではなくて、馬に乗って降りた、つまり馬を使って降りさせたという意味なのである。馬に乗って攻めることを「攻め寄る」と言わずに「攻め寄せる」と言う。他動詞になっている場合は、馬を使っていることを意味している。

なおその鵯越のとき、畠山重忠だけは、馬にはいつも世話になっているからといって、馬を背負って降りたそうで、この人一人だけは「坂落とし」ではなく「坂落ち」をしたことになる。しかし馬にとってはいい迷惑なことだったかもしれない。

男雛の甲斐性

雛祭りの季節になると、どのように飾りつけたらいいか、説明書と首っ引きであでもないこうでもない、と苦労する人が多い。大体なんで左近の桜が右に来て、右近の橘《たちばな》が左に来るのか理解に苦しむ。これは向かって左というのではなく、並んでいる側から見て左ということで、逆に並べることになる。もう一つは並ぶ側から見て左側の方が位が高い人が来る、ということ。この二つを頭に入れておけば並べやすくなる。

さてお内裏様の並べ方だが、飾るたびにどっちに男雛《おびな》が来るのか、首をひねることが多い。以前は男雛は向かって右側に、女雛は向かって左に飾ったものだった。男雛の方が位が上ということでそうしたのである。しかし近ごろは男雛を左に置くようになった。これにはわけがあるのだろうか。

俗説によるとお内裏様は浮気性の方で、隙があればすぐ下にいる三人の官女に手を出そうとなさる。奥方はそれを見て、右手で発止と止めようとなさるところから、向かって右側にいらっしゃるのだという。しかしこれはあまり品のいい解釈ではない。

私の考えではちょっと違う。昔から日本では男女が並んだときに男が向かって左側、女が向かって右側に座る。みなさんの結婚式の写真も多分そうなっていると思われる。なぜかと言うと、女と並ぶとき、男はいざというときの危険に備える責任がある。だから右腕は自由に使えるようにしておかなければならない。そのためには男雛は向かって左側にいる方がいい。一見弱々しくは見えるが、いざというときには細腕で敵をやっつけようという気魄《きはく》に満ちているのである。それが左側に男雛がいる理由であると解釈したがいかがなものだろうか。

すさまじきもの

『枕草子』に「すさまじきもの」という段がある。この中に「春の網代《あじろ》」というのが入っている。なぜ春の網代がすさまじいのだろうか。

「すさまじい」といっても、現在のように「ものすごい」という意味ではない。期待をさせておいてがっかりするもの、つまらないもの、というような意味だと思われるが、どうも春の網代では意味がつながらない。網代というのは竹とか木で細かく編んだ籠のようなもので、冬の間魚を捕るために川の中に仕掛けておくものである。それがなぜがっかりさせるものになるのだろうか。

この「すさまじきもの」にはほかにも例が挙がっていて、「昼ほゆる犬」「ちご亡くなりたる産屋」「博士のうちつづき女子生ませたる」とある。こういうのは確かにがっかりさせるものかもしれない。しかし「火おこさぬ炭櫃《すびつ》」というのも入っている。私はどうもこの意味は、寒々しい感じを与えるもの、という意味ではないかと思う。

平安時代の末期にできた辞典を見ると、「冷」という字の訓として「すさまじ」という読み方があることが記されている。また「すさまじ」という字は「凄」と書くが、これには「さむし」という訓がついている。ニスイ偏は冷たいとか寒い意味の字につく偏である。

このことからも「すさまじい」は「寒い感じ」を意味する言葉だったのではなかろうか。春の野道を歩いていると、川の中に冬の間に置き忘れられた網代があるのを見て、何だか寒々しい感じがしたという意味に取るのが順当だろう。

となると「すさまじきもの」に二つの意味の例が入っていることになる。清少納言《せいしょうなごん》がどうしてこういう例を挙げたのか、生きていたら聞きたいところだ。

名歌に一言

東《ひむがし》の野に炎《かぎろひ》の立つ見えてかへり見すれば月傾《かたぶ》きぬ

東の方を見ると、野原からユラユラと陽炎《かげろう》が立ち上っているのが見える。そして振り返ると、西の空に淡く白い月が沈みかけている。春のうららかな朝の情景を詠んだ名歌として有名である。

これは『万葉集』の中の柿本人麻呂《かきのもとのひとまろ》の歌と言われているが、本当は賀茂真淵《かものまぶち》が江戸時代にいまのように書き改めたものなのである。実際に『万葉集』に書かれていたのは、こういう歌だった。

東　野炎　立所見而　反見為者　月西渡

真淵がこのように書き改めたことで一層有名になり、真淵は歌人として非常に才能があると言われたが、私はちょっとおかしいと思う点がある。

というのは、下の句の「かえり見すれば月傾きぬ」という部分である。これでは「振り返ったとたんに、月がスーッと動いて地平線の彼方《かなた》に沈んでいった」というように解釈できないだろうか。

文法的な話でちょっと難しいのだが、「かえり見すれば月傾けり」とすれば、「振り返れば月が傾いていた」という意味になる。「傾きぬ」と「傾けり」では、微妙に時制が違っていて、「傾きぬ」はその場で月が動くこと、「傾けり」だとすでに月が傾いていたことになるからである。『万葉集』の「月西渡」は、「月傾けり」と詠むべきではなかっただろうか。

オアシス

ＮＨＫでは、新しく入局してきた新人の社員にマナーとしてまず、「オアシス」という言葉を忘れずに使うように教えるのだそうだ。

オアシスのオは「おはようございます」、アは「ありがとうございます」、シは「しつれいしました」、スは「すみません」。確かにこの四つが、適当なときに咄嗟《とっさ》に口をついて出てくるというのは、社交の第一であろう。

また、ある会社では上司とのコミュニケーションに「ほうれんそう」という言葉を徹底させるという。「ほう」は「報告」、「れん」は「連絡」、そうは「相談」なのだそうだ。

このように頭文字をつないで語呂合わせで覚える方法は誰もが知っているが、これは日本語の便利な点と言えるかもしれない。一年のうち三一日ある大の月、三〇日しかない小の月を覚えるのも「西向くさむらい」といって簡単に覚えられるが、アメリカなどでは、そうはいかないらしい。二行ぐらいの長い詩を暗記して、それで覚えるという。日本語ではニやシのつく言葉がたくさんあるから、つなげると自然に意味を持った言葉になるのである。

ほかにもこういう頭文字をつないだ覚え方の手本としては、『百人一首』の一字札を覚える「娘ふさほせ」というのがある。太陽を回る遊星を覚えるのには、外側の方から順に海王星、天王星、土星、木星……の順で、「勝てども」と覚える。お料理では「さしすせそ」というのがあるとか。「砂糖」「塩」というように、料理に加える順番を覚えるのだという。日本語の便利な点を、サラリーマンも受験生も主婦も、みんなが活用しているようである。

褒め言葉の二面性

風薫る五月、風光る五月、などとも表現されるくらい、五月は一年で最も爽《さわ》やかな、美しい季節と言われる。しかし昔は旧暦だったので、五月というと梅雨の季節だった。

太田《おおた》道灌《どうかん》が山中で突然の雨に降り込められたのもそのころの季節のこと。一軒の田舎家を見つけ、蓑《みの》を借りたいと言うと、美しい娘が山吹の花を持って現れ、「七重八重花は咲けども山吹の実の一つだになきぞ哀しき」という歌を送ったという。八重咲きの山吹は実がならないことを、蓑がないことにかけた歌で、機智に富んだ女性の対応に、道灌が感動したという話だが、そのころから山吹は人々に親しまれた、ごく一般的な花だったらしい。

さて、山吹の花といえば吉田《よしだ》兼好《けんこう》の『徒然草』の中にこんな一節がある。四季の移り変わりに咲く花を表現した中で「山吹のきよげに、藤のおぼつかなき様したる」と語っている。藤の花は色も薄紫色で、何となくぼーっとしているというのは同感できるが、山吹が清らかというのはどうも納得がいかない。清らかな花というなら、白梅とか水仙とか、もっとほかにありそうだ。山吹の花はむしろ華やかな、と表現した方がぴったりな気がする。

古文の解釈では「清げに」というのを清らかで汚れがない、と習ったが、別に華やかなという意味もあるのでは、ということが最近言われ始めている。例えば『竹取物語』の中で、かぐや姫が昇天するとき、迎えにきた天のお使いの着ているものが「清らかなることものにも似ず」という。これも清らかというより、華麗な、という意味に解釈した方が合う。

沖縄では花がきれい、という言葉を「チュラサン」という。チュラというのは「清らかさある」から変化したと言われ、清潔と美麗を一つの言葉で表現しているのだ。考えてみると日本語でも同じような使い方をしていて、「きれい」という言葉がそれにあたる。「きれいに無くなった」というときはスッパリ無くなったということだし、「きれいな服」といえば美しいの方だ。「あなたの家はきれいですね」と言われたら、外観のことなら豪華という意味だろうし、内部ならよく整頓《せいとん》されている、という意味に取れる。どちらにしろ、「清らか」と「豪華な」という意味は対極にある言葉であり、それを一つの言葉で表現するというのはおもしろい現象だ。

『源氏物語』では、光源氏が生まれたときのことを「世になく清らなる玉の男御子さへ生まれ給ひぬ」と書いている。これもご清潔な御子というより、美男子な御子がお生まれになった、という解釈の方が前後の文からすれば合うだろう。

美智子皇后が現在の天皇陛下と結婚なさるとき、「ご清潔で、ご誠実で」と、陛下への思いを語られたことはあまりにも有名だが、もしもこれを昔の言い方で「清らかな方」とおっしゃられたら、ハンサムな方で、と解釈されたかもしれない。いや、もしかしたら古今の文学に精通しておられる皇后様のこと、ご心中ではそちらの思いも込められたのではなかろうかとお察しするのだが……。

昔の人は夜型人間？

九月九日は重陽の節句。平安時代にはこの日の夜、朝廷で菊花の宴を優雅に催すのが習わしだった。

菅原道真《すがわらみちざね》といえば、優れた才能がありながら讒言《ざんげん》にあい、九州の太宰府《だざいふ》に左遷されたことで有名だが、『大鏡』という歴史文学の中にこんな一節がある。「去年の今夜は清涼殿の御宴で、帝《みかど》の御前に伺候していた。そして秋思という題で詩を作ったが、今夜もまた同じ題で詩を作り、断腸の思いを述べることだ」。去年のいまごろの華やかだった自分を、天皇から賜った着物を抱いて道真がせつせつと語っているのである。

さて不思議なのは、この一節が九月一〇日の朝に書かれていることだ。一〇日の朝の時点で今夜、ということは九月一〇日の夜にその詩を書くということになる。しかし、重陽の節句は九月九日。なぜ一日遅れなのに今夜と書いたのか、長らく謎とされていた。

しかし最近になって、当時の日の区切り方が、いまとは違っていたのではないかということが明らかになってきた。それは方言を調べてもわかることで、「きのうの晩」というのは一昨日の夜のことを指すところが全国的に多い。北海道をのぞき、おそらく全国でこの言い方をする。では昨夜は何と言うかと言うと、「ゆうべ」と言うのである。

「ゆうべ」と言うと、いまでは「音楽の夕べ」などと言って夕方一般のことだが、昔はちがっていたらしい。

同じ例は『平家物語』にもあって、「六代」という話の中で、ひそかに隠れ住んでいた平家の若者が、源氏方の密偵に見つかってしまうところがある。若者は捕らえられた後、「こよひ打ち解けて寝たまはぬとおぼしくて、少し面やせたまへる」とある。昨夜はよく寝られなかったと見えて、顔が少しやつれている、というのだが、「こよひ」というのは昨夜のことと解釈しなければ、文章の意味が通らない。

当時一日の始まりは夕方からで、次の日の夕方までが一日であったらしい。つまり二四時間は夕方から始まるわけだ。だから昨夜あったことを、今夜と表現したのである。昔の人にとっては、日の出よりも、月の出の方が重要な意味を持っていたということだろうか。例えば祭りとか神事でも夜中に行われるものが多いが、昔の人にとっては、それは一日の始まりに行うものであったのかもしれない。それだけ夜型人間だったということだろうか。

そこでふと思うのは、外国でもクリスマスイブと言って、二五日のクリスマスより二四日のイブの方が盛大に行われることだ。もしかしたら、外国でも一日の始まりは夕方からだったのかもしれない。そして日本でも、大晦日《おおみそか》にテレビで紅白歌合戦を賑《にぎ》やかに見て、初詣《はつもうで》に行く。そして元旦の朝は静かに迎える。正月の行事も、三一日の夜からすでに始まっていると解釈できるのではなかろうか。

深夜まで働く人が多い現代では、そのうち一日の区切り方は人によってバラバラ、なんてことになるのかもしれない。

小膝をたたく

一〇月一〇日は香川県の金毘羅様のお祭りの日である。日本全国から多くの人が参拝に集まってくるが、金毘羅参りをしたことで最も有名な人は、清水次郎長《しみずのじろちょう》の一の子分である遠州森《えんしゅうもり》の石松《いしまつ》ではないだろうか。

石松は香川に向かう途中大坂で三十石船に乗って、江戸から来た客人と意気投合し、気勢をあげるが、そのときに石松は「小膝《こひざ》をたたいてにこっと笑い」とある。「小膝」というと「小さい膝」という意味の言葉だが、石松はけっして膝が他人より小さかったわけではない。「小膝」の「小」は「膝」につくのではなくて、あとの「たたく」につく。つまり、「膝をちょっとたたいて」という意味なのである。

これに似た言い方はほかにもたくさんあって、「熊谷直実《くまがいなおざね》は小手をかざして沖を見た」とある。これも手をちょっとかざしたという意味である。「小耳にはさむ」は小さな耳ではなく、ちょっと聞いた話のこと。「小鬢《こびん》をかすめる」は鬢をちょっとかすめるという意味である。

「小股《こまた》の切れ上がったいい女」というのも、「小股」というところがあるわけではない。「小股」がちょっと切れ上がった、つまりほかの人より脚がちょっと長い、すらりとした女という意味である。

こう考えてくると、日本人も知らず知らず間違えて使っている言葉もあるのではないだろうか。「小鼻が開いた」という言葉があるが、小鼻を辞典で見ると「鼻柱の左右のふくらみ」と出ている。これは本当は「鼻がちょっと開いた感じ」という意味が正しいのではないかという気がするのだが。

「が」と「を」の使い分け

時雨がサーッと峰を渡ると、深山《みやま》の紅葉がいっそう色鮮やかに染まっていく。「馬は濡れ牛は夕日の水時雨」という句があるように、時雨は降ったりやんだり、右側は降っているのに、左側は晴れているというように、気まぐれな雨でもある。

ところで芭蕉の句に「初しぐれ猿も小蓑をほしげ也」というのがある。いかにも山の奥の木の枝に、寒そうに縮こまって震えている猿の姿が浮かんできそうな名句だが、この中の「小蓑を」というところに注目してほしい。日本語では、目的を表す言葉の下に「が」をつけるのが一般的とされる。例えば「リンゴが食べたい」という言い方をする。特に戦後しばらくまでは「が」という助詞を使うことを教科書などでも勧めていた。「お金を欲しい」というより、「お金が欲しい」という言い方の方が、一般的であったのである。なぜ芭蕉は「小蓑が欲しげなり」と言わなかったのだろうか。

「を」の代わりに「が」を使えるケースは三通りある。一つは希望を表すときで、「ご飯が食べたい」などという場合だ。芭蕉の句もこれに相当する。二つ目は能力を表すとき。「この学校に入れば英語が学べる」「検査が受けられない」などという言い方をする。三つ目は好き嫌いの感情を表すとき。「わたしは彼女が好きだ」「あの人が嫌いだから行かないのよ」などというような使い方になる。

これらはすべて「が」を「を」に換えることが可能である。事実、最近はこれらの場合、「を」に換えて言うことが多くなった。新聞でも「心臓移植を受けたい患者は全国で待機しており……」「サラエボで生まれた赤ちゃんを六〇億人目と認定した」などと、「を」を使っている。

確かに目的を表すときは、「を」を使った方が論理的でわかりやすいのは事実である。例えば「AさんはBさんが好きなんでしょ」「いえ、CさんがBさんを好きなんで、Aさんは違うのよ」といった会話では、「を」と「が」を使い分けないと、誰が誰を好きなのかわからなくなってしまう。最近「を」を使う方が多くなってきたのは、海外の書物の翻訳などの影響もあるのかもしれない。

ところで「あのお店でみかんが売っていた」という言い方をする人もいる。この場合は明らかに間違いで、「みかんを売っていた」というのが正しい言い方だ。もし「が」にしたいなら、「売られていた」と受動態で言わなくてはならない。しかし「みかんが」と表現することで、みかんの印象が強まるのは確かだ。そろそろ冬も近くなって、みかんが果物屋の店先に並ぶ季節になったんだな、という感じは「が」の方が強いような気もする。

「が」と言うか、「を」と言うか。これは大変微妙なニュアンスの違いになる。冒頭に掲げた芭蕉の句は「小蓑を」と言い、「小蓑が」とは言わなかった。あの時代なら「が」の方が一般的だったと思うが、あえて論理的な「を」を使ったのは画期的とも言えることだ。芭蕉という人は、もしかしたら非常に論理的な性格だったのかもしれない。

ミカンのはやなり

茨城県の筑波山《つくばさん》へ行くと、「ツクバネ」という食品を売っている。筑波山に自生している植物の実の塩漬けを瓶に入れたもので、筑波山に生えている植物だから「ツクバネ」というのだろうと誰でも思ってしまう。しかし本当はそうではなく、この植物の実は長い萼《がく》が実の上についていて、正月に女の子が遊ぶ羽根突きの羽根に似ている。だから「ツクバネ」とは「突く羽根」というのが本当の書き方なので、それがたまたま筑波山に生えているのは神様のお作りになった偶然なのである。

それよりももっと上手な洒落は、静岡県浜名湖《はまなこ》畔の三ケ日《みっかび》という町にある。昔、嵯《さ》峨《が》天皇の時代に弘法《こうぼう》大師と並び称された橘 逸勢《たちばなのはやなり》という書の名人がいたが、天皇の御機嫌を損じ、東国に流罪になった。しかし彼は長旅の疲れからか、三河《みかわ》から遠江《とおとうみ》へ越えるあたりで病を患い、三ケ日までは来たけれどもここで床について亡くなってしまった。逸勢には娘が一人あり、その娘が父を慕って三ケ日まで来たが、父の死を知って尼となりここに庵《いおり》を作って父の菩提《ぼだい》を弔った。土地の人々はそれを憐《あわ》れみ、「橘逸勢の塚」というのを築き、毎年お祭りをしている。

話はここからで、この三ケ日はいま静岡県下でのミカンの早場地帯として聞こえている。ミカンは、平安朝時代「橘」と言った。ミカンが早く熟する土地が、タチバナのハヤナリに縁のある土地とは、偶然にしてはでき過ぎている。もしかしたら神様が、逸勢の死をみんなが忘れないようにと、早生《わせ》ミカンを実らせてあげたのだろうか。

ニュートンのリンゴ

ニュートンはリンゴの実が落ちるのを見て引力の法則を発見した。私は子供のころ、その話を聞いて、やっぱりリンゴはえらいものなんだな、柿や栗などでは落ちても引力は発見されなかったのだろうと思った。私の子供の時代というのは大正中期であるが、当時果物の中でリンゴはハイカラなもので、何か神秘的な力を持っているもののような気がしていたのである。

しかも、私はリンゴの実が落ちたというのはテーブル上から転がり落ちたのだと思っていた。というのは、リンゴの木というのは、大学を出て山形県あたりを旅行して初めて見たくらいで、頭の中に浮かばなかったのである。

その後、向こうの人に聞いてみると、ヨーロッパやアメリカではリンゴは最もありふれた果物でリンゴの木もごく身近なもの、したがって「リンゴの木からリンゴの実が落ちるのを見て」というのは、「ごくありふれた事実を見て」という意味だと悟ったのは、随分後のことだった。

ニュートンがもし日本人だったら、「栗の実が落ちるのを見て」とか「椿の花が散るのを見て」とでも言うところだった。

ハワイの大学で、アメリカ人の学生に日本語・日本文学を教えていたときのこと。『金色夜叉』の熱海の海岸での貫一・お宮の話をしたら、一人の学生が手を挙げて、「日本では、松の木の下では男が女を蹴《け》ってもいい、という考えがあるのですか？」と質問してきた。

私は、いや、松は日本ではごく普通にある木だから、木の下でというのを「松の木の下で」と言っただけで特別の意味はない。また、このころは、男が女を足蹴にすることは珍しくなかったのだ、と言ったところ、その学生は何か重要な法則を見つけかけて失敗したというような、まことに残念そうな顔をした。もしこの木が、松ではなくて、リンゴの木の下というのだったら、そのように気を回すことはなかったのだろうか。

われわれは、仏教の教えで「釈迦《しゃか》は菩提樹の木の下に静座して悟りを開いた」という件《くだり》を聞く。釈迦が雑木林の中を歩いていると、菩提樹の木がよい枝ぶりでひとり亭々とそびえている。釈迦はこれこそ究竟《くっきょう》の場所と考えて、その下に座り悟りを開いたのだ、と私は解釈していた。

ところが、インドへ行ってみると、象を連れて田舎道を歩いている農夫が大勢いるが、その象は葉のついた木の枝をいっぱい背負っている。象の明日の食料なのだそうだ。その木は何の木だ、と聞いてみたら、菩提樹だと答えてきた。

これが正しいとするならば、インドでは菩提樹は、日本でいったらナラとかケヤキとかいうような、一番普通にあるつまらない木なのだ。

「菩提樹」という偉そうな響きから特別に高尚な樹かと思っていたのは誤解だった。日本だったら、釈迦は、とあるケヤキの木の下に座って悟りを開いた、とでもなるところかもしれない。

夕焼け小焼け

「夕焼け小焼けあした天気になァれ」というわらべ歌がある。「夕焼け」はわかるが、「小焼け」とはいったい何のことかと聞かれたことがある。思いつくままに「夕焼けに似てはいるけど、夕焼けほどは美しくない状態をさす」と答えたが、これはわれながら無責任な答えとしか言いようがない。

戦前の東京で、春先の季節に道端で遊んでいると、小さな白い綿のような白い虫がたくさん飛んできて、私たち子供はいっせいに掌を空に向けて「大綿小綿」と言ってつかまえて遊んだものだが、弱い虫で手に触れるとすぐに死んでしまう。この虫を「大綿小綿」と言ったのは別に大きさの大小があったのではなく、たくさん飛んでいるのを見て、口調がいいからそのように囃《はや》したにすぎない。

ほかの例を探してみると、「愛想も小想もつき果てた」という言葉がある。これも「愛想がつき果てた」という言葉を、「愛想に似た一切のものもつき果てた」と、少し強調して言ったものである。いずれも七五調で口調がいい。その口調のよさから「小焼け」とか「小想も」という三音の言葉を作ったようだ。

これに似てはいるがちょっと意味の違う使い方として、「高手小手に縛りあげる」

という言葉がある。これは字引を引くと「高手」は肩から肘《ひじ》までのこと、「小手」は肘から手首までのことと出ていて、用例まで挙がっているのには驚く。「小手を」と言わずに「小手に」と言っているところから、高々と腕を縛り上げられた状態を想像できる。

わらべ歌に「大寒小寒、山から小僧が飛んできた」というのがある。これは感動詞の「おう」に形容詞語幹の「寒」をつけたので、次の「小寒」は洒落としてつけた言葉。こちらの方はなかなかうまい表現である。

そこはかとなく

「そこはかとなく」という言葉がある。「何となく」「どうという目的もなく」というふうに解説されている。『徒然草』の最初は「心にうつりゆくよしなし事をそこはかとなく書きつくれば」という有名な一節で始まるが、どうという目的もなく書いていけばと訳されている。果たしてこの解釈は正しいのだろうか。

『新古今和歌集』の晩秋の歌に「神無月風に紅葉の散る時はそこはかとなく物ぞ悲しき」というのがある。昔の人にとって、紅葉が初冬の風にあたって散り、落葉樹が葉をどんどん落としてしまうのを見たら、もう今年はこれで最後だという気持ちで、

「何となく」などと、のんびりしたことを言っていられる悲しさではないのではなかろうか。秋の初めに一枚の葉がハラリと落ちた。秋の訪れを感じさせる瞬間で、もし「そこはかとなく」哀しさを感じるとしたら、そういうときではなかったかと思う。

戦国時代ポルトガルの宣教師が日本にキリスト教をひろめるためにやって来て、日本語の辞典を編修した。その中では「そこはかとなく」という言葉に、ポルトガル語の「無限に」という訳がついている。これが「そこはかとなく」という言葉の正しい解釈だと思う。『新古今和歌集』の歌は「風に紅葉がどんどん散っていくのを見ると、限りなく悲しい」という意味だったのだろう。また『徒然草』の「そこはかとなく書きつくれば」も、「あとからあとから書いていけば」という意味が正解なのではないかと思う。

がんもどき

おでんなどになくてはならない具の一つに「雁もどき」がある。さてこの「雁もどき」の語源はと聞かれると、雁の肉に似た味がする食品、つまり雁の味を真似たからと解するのが一般になっている。しかし豆腐に人参《にんじん》やひじきを入れて油で揚げて、雁の肉の味に似たものができるとは思えない。

「もどく」という言葉は『源氏物語』などでは、「競争する」「張り合う」という意味で使われており、そのころの辞典で「挑」という字の訓となっている。雁の肉はおいしいという評判だ。この大豆食品は、それに負けないくらいおいしいぞ、という意味の命名ではないかと思われる。

冬の庭を飾る庭木にウメモドキというのがあるが、真っ赤な実がなる木で、ちっとも梅に似ていない。あれも冬の庭で美しさを誇っている、その梅に負けないくらいきれいだぞ、と張り合っている意味の命名ではないだろうか。

しかしいまは「役者もどきの芸を見せた」というように、真似る意味の方が一般的である。なぜ「もどき」という言葉を、似たものと解釈するようになったのだろう。柳田国男翁《やなぎたくにお》の『昔話覚書』という本によると、室町以後の民間の芸能では、モドキという役があって、それは舞台の上で、主人公に敵意を含んだ応答をする。その一つに相手の動作を次々と真似ていくものがあり、大変人気があった。それがもとになって、敵対する意味のモドキが、真似をする意味に解されるようになったものと思われる。

薩摩琵琶《さつまびわ》の古典曲に、「迷語もどき」という表題のものがある。これは、「世迷言《よまいごと》」の真似をしている内容の曲ではなく、くだらない愚痴を言うな、と叱りつけている曲なのである。

爪弾く

古賀《こが》政男《まさお》氏の代表作「影を慕いて」の中に、「ギターをとりて爪弾《つまび》けば　どこまで時雨ゆく秋ぞ」という一節がある。「ギターをつまびく」というと、ギターを指の「爪」で弾いているようだが、ギターは指先で弾くもので、爪で弾くものではない。

これは三味線についても言えることで、「三味線の爪弾き」という言葉があるが、これも三味線の絃《げん》を指先で弾くことである。そうすると、昔は「爪」というと指先についている固い前の部分だけのことではなくて、指先全体を指したのではないかという気がする。

「つまむ」という動詞があるが、「爪」で持つことではなく、「指先」で持つことである。「つめたい」という言葉も、冬に氷などに触ると、指先が痛いような感覚がある。それを「つめたい」と言ったことから「つめたい」に変わっていったのではないかと思われる。「つま先」に至っては、けっして爪の先のことではない。指先のことで、このときの「つめ」は指全体のことを表している。

辞典を引くと「爪印」という言葉があって、古い戦前の辞典には「爪に印肉をつけ印を押すこと」とあった。しかしそれでは印など押せるわけがない。私はそう考えて、国語辞典を編集するときに「指先に印肉をつけて押すこと」と改めた。拇印《ぼいん》と同じ解釈である。いま大概の辞典ではそのように解釈している。

昔は「指」という生々しい肉体の一部をはっきり言うより、「爪」という形で柔らかく言った方がきれいだと思って、このような表現が生まれたのだろう。昔の人の美意識が感じられる言葉である。

余計なことはやらない方が

中国の小話には、なかなか楽しいものがある。

藪《やぶ》医者がいて、薬の盛り違えばかりやっている。ある家の従僕の誤診をやって、従僕を死なせてしまった。お詫《わ》びのしるしに、自分の家の従僕をくれてしまった。次にある家の息子を誤診した。殺してしまい、仕方なく、大切にしている自分の息子をくれて、勘弁してもらった。夫婦二人きりになって寂しく暮らしていると、ある夜、門をたたく者がいる。出てみると、ある大家の奥様の容態が悪いから、診察に来てくれと言う。医者は驚いて女房に向かい、「大変だ！　今度はお前が狙われた」と言ったそうだ。

何と人の良い医者だろうと、快い笑いがこみ上げてくるが、私も最近、このお医者に似た経験をしてしまった。私が可愛がっていた秘書に、ちょっとしたことから逃げられてしまったのである。

私は伊豆の下田に、一軒家を持っていて、時間があると、そこで専門の勉強をしている。そこに、私がいつも面倒を見てもらって大変恩になっているKさんという人がいる。そのKさんに今度の月曜に、東京の有名店のあるものが欲しいと言われた。私は日曜に勉強をする予定で、膨大な量の資料を持っていかなければならなかったので、少し迷ったものの結局、予定通り勉強することにして、Kさんへの土産は、月曜の午前中に届けるように秘書に言いつけて下田へ発った。

ところが、日曜の夕方になって、突如Kさんが下田の私宅を訪れ、月曜の午後は用事ができたので、その土産は絶対に午前中に受け取らないと困ると言う。私は秘書の家に電話し、何が何でも明日の午前中までに届けろと命令した。

翌日、秘書が家を出るのがちょっと遅れてしまい、午後になって到着した秘書に私は文句を言い、その日の旅立ちを諦《あきら》めたKさんを秘書とともに訪ねて、詫びを言った。

ところがその後、秘書は私の前に両手をついて、「先生の秘書は、私には到底務まりません。今日限りでやめさせてください」と言って、私をおいて自分の家へ帰ってしまった。私は驚いて留めたが、駄目である。私は息子のように可愛がっていた秘書に、そう言われたのが気になって、その日、勉強には全然手がつかなかった。

その翌日、私が東京の自宅に帰ってみたら、秘書が私の留守の間に来て、私の家内に向かい、「私は昨日は車がひどく混んでいて、それでも一生懸命車を急がせ、下田へ急いだ。確かに遅れたのは悪かったが、先生は何の労《いたわ》りの言葉もかけてくださらなかった。私はそれでやめます」と言ったと言う。

今思えば、私は初めから大切な土産物だけ持っていけば良かった。勉強の道具など、持っていっても、どうせ勉強ができなかったのだから。私はつまらないことをして、大切な秘書を失ってしまい、途方に暮れた。

私はいままでは神様というものは、私が勉強すれば、褒めてくださるものと信じていた。大していい頭でもないのに、若いころ勉強に勉強を続けたので、一応、学者としてのいまの地位を得た。「天は自ら助くるものを助く」という、『西国立志篇』の金言を、私は座右の銘にしていた。

しかし、どうも最近はその考えが変わってきた。今年の春、私は辞書の編集の仕事をしているときに、ほかの人から頼まれ、迷ったものの預かった大切な原稿をなくしてしまった。どこを尋ねても見つからない。私はその失敗を埋め合わせるために、並々ならぬ苦労をした。ああいう仕事はしない方が神様の思《おぼ》し召しに叶《かな》っていたようだ。

兼好法師は『徒然草』の第九八段に、『一言芳談』というものの引用として、「しようかしまいかと迷うことはしない方がいい」と言っている。私はいままで、迷うときはする方がいいのだと信じていたが、このところどうも『一言芳談』の考え方がいいのかと思い始めた。「触らぬ神に祟《たた》りなし」という下世話の諺も思いおこされる。

ここで初めの中国の小話に帰ると、あの藪医者も、患者の家から招かれて、いちいちほいほい出ていったのがまずかった。どこかの奥様が悪いからという依頼に従うと奥さんを取られてしまうからだ。

しかしこんな話はどうだろう。この医者の奥さんは口やかましく、「あんたがヘマだから暮らしがちっともラクにならない」と文句ばかり言っている。奥さんが消えてくれたら、とひそかに思っている医者は、これ幸いとばかり出かけていって、よその奥方の薬の処方をわざと間違える。そして申し訳ない、と平謝りで自分の奥さんを押しつけて帰ってくる。以後はのんびり暮らすという展開の方がおもしろそうだ。

新・日本七大昔話

ドイツ人に、日本の代表的な昔話は何だと聞かれて、はたと困った。昔は、まず

「桃太郎」をはじめとして、「かちかち山」「猿蟹合戦《さるかにがっせん》」「舌切雀」に「花咲爺《じじい》」、これに「浦島太郎」「一寸法師」が加わった七大昔話だった。当時の全国共通の小学校の国語の教科書には、その話が必ず載っており、音楽の時間にはその話を歌詞として唱歌をみんな歌ったものだった。

しかし、戦後は、「桃太郎」は外国侵略の物語だから悪い、「かちかち山」「猿蟹合戦」は復讐《ふくしゅう》説話でよくない。「舌切雀」は残酷だと批判され、教科書に載ることはなくなった。戦後、新しい日本の七大昔話というようなものを選んだ人があるのだろうか。私は寡聞にして知らない。ここに私が思いつく新しい日本の七大昔話を選んで、みなさんの御批判を仰ごうと思う。

第一に考えつくのは、木下順二の『夕鶴』の原典「鶴の恩返し」だ。男が罠《わな》にかかっている鶴を放してやったら、美しい娘がその家に来て妻になる。ときどき美しい白い布地を織り、男が町へ持っていくと高く売れる。ある日男が機場を覗《のぞ》いてみたら鶴が自分の羽毛を抜いて織っている姿を見て驚いたが、妻は羽毛のなくなった翼をひろげ、よろけながら山へ帰っていったという感動的な話で、これは第一に入れたい。

第二は「笠地蔵」という昔話。第三には、「藁《わら》しべ長者」をあげたい。ここまで考えたが、やはり前の七大昔話の中にもいいものもあった。「花咲爺」は、最後に大名の前でサクラの花を咲かせて褒美をもらうという結びが楽しくていい。それから「浦島太郎」は、海の底に宮殿があって、そこで美しい乙姫の歓迎を受けるという想像が嬉しく、約束を破ってつい玉手箱をあけてしまうところも、物語らしい。もう一つ「一寸法師」も、自分の力量でりっぱな成年男子になり、大臣の姫君と結婚するという筋がめでたくていい。

ここまでで、六大昔話は決まったが、あと一つはどうしようか。私は、あまり知られていないかもしれないが、「炭焼き長者」の話に心を引かれる。同じように妻が身ごもっている二人の木こりが、子供が男と女だったら夫婦にしようと約束する。その二人が山へ入って雨にあい、岩窟《がんくつ》に入っていると夜になり、山の神が集まってきて、その子供たちの運命を話し合っている。女の方は千万長者だが、男の方は乞食《こじき》だな、などと言っている。翌日二人が家に帰ってみると、男児と女児が産まれていたので、約束だから夫婦にしたが、男の働きが悪く、貧乏のどん底生活だ。とうとう夫婦別れした。女の方はいいところへ再縁して、長者夫人となった。たまたま乞食姿で現れた男が前の夫であることを知る、という長編物語である。たしか谷崎潤一郎の『蘆刈』という小説の素材になった話だったが、途中変化に富み、人生を考えさせられる話のように思われ、私は捨てがたい。

荘重語という敬語

殺伐としたニュースが多い中で、天皇陛下がどこそこを慰問されたとか妃殿下がお出かけになられたといったニュースは、私たちをホッとさせるものがある。

ところで皇室関係のニュースに関しては報道機関は敬語の使い方に神経を使う。戦前はこれを間違えたばっかりに、クビになった人もいたほどだとか。戦前、満州国皇帝が来日したとき、天皇の名代として秩父宮殿下がお迎えに出られたことがあった。このときは宮内省からＮＨＫに通達があり、「天皇に対しては最上級の敬語を使うこと。秩父宮に対しては天皇より低く、一般国民より高い敬語を使うこと。皇帝に対しては天皇と秩父宮の中間の敬語を使うこと」と言われたとか。アナウンサーはさぞかし苦労したことだろう。

ところで敬語には三つの種類があると言われている。一つ目は丁寧語。例えば「○でございます」とか「お父様」とか、ものごとを丁寧に表現する言い方である。二つ目は相手を尊敬して言うときの表現で、「お昼は召しあがりましたか」「ご覧くださいませ」といった言い方がこれにあたる。三つ目は自分がへりくだって言う言葉。「お昼はいただきました」「お目にかかります」というように表現し、謙遜《けんそん》語に分類される。

丁寧語、尊敬語、謙遜語、の三つというわけだが、しかし、このように分けると解釈に困る問題が出てくる。例えば「ご存知ですか」という言い方があるが、「存ずる」というのは「思う」「知る」の謙遜語と考えられている。しかし、それならば謙遜語に「ご」をつけて尊敬語に変えるのはおかしい。例えば相手に「お昼はいただきになられましたか」と言っているのと同じことになってしまう。

私が思うに、「存ずる」は謙遜語ではなく、思うという言葉をわざと難しく、硬く表現したものではないだろうか。そうした例はほかにもあって、「申す」という言葉も謙遜語のように使われているが、相手にも「お申し越しください」というように使う。これは「言う」を硬く表現したものだ。こうした言い方を、私は四つ目の敬語の使い方として、荘重語とでも表現したい。この荘重語はいっぱいあって、「明日」を「みょうにち」、「この間」を「先般」、「こっち」を「こちら」、「そう」が「左様」というように変化する。「おる」という言葉も「私がおります」と言えば謙遜語のようだが、「花が咲いております」というようにも使う。花にまで謙遜してもらうことはないので、これは「いる」を荘重語で表現したものと解釈したい。

このような荘重語というのは、おそらく江戸時代に武士階級からおこったのだろう。

何ごともしゃちこばって言わないと相手に対して失礼にあたる、と考えた武士たちが、必死に漢語などを使って表現したのが起こりだろうと考えられる。

　皇太后さまが亡くなられたときは、「逝去」という言葉が使われた。これなども荘重語であるが、読者からは「なぜ天皇陛下は崩御で、皇太后は逝去なのか」という質問が来たという。敬語の使い方はどんどん簡略化される傾向があるが、まだまだやかましくこだわる人も多いようである。

二一世紀の日本語

　戦後、日本語の変わりようは激しいが、二一世紀の日本語はどのように変わっていくのか、私なりに予言をしてみよう。

　まず一つは、女性語と男性語の区別がなくなるだろう。現在でも電車の中で聞こえてくる女学生の会話は、「てめえ、きったねえなあ」などと男か女かわからない言葉づかいをしていて、思わず耳を疑うことがある。昔の小説を読んでいて「いやですわ」「何でダメなんだ」「だって困りますもの」というやりとりが続いても、どっちが男でどっちが女かすぐわかる。

　しかし地方に行くと、女性語も男性語もなかった。私が小さいころ、いとこの女の子が岩手の田舎から遊びにきた。二人で縁側に座って干し柿を食べていたら、「オレは尻《しり》の方からくうだ」と言って、下の方からかぶりついた。女の子がそんな乱暴な言葉を使うのかと私はビックリし、その女の子に対して興ざめする思いだった。そのころ女性語を使うのは都会の洗練された女性だけだったのである。女性は漢語など、難しい言葉は使うものではないとされ、やさしい大和言葉を使うように教育されたが、それは貴族や武家などの一部の階級の女性だけだったのだろう。手紙の書き出しも「一筆しめしまいらせそうろう」とやさしく書く。謹啓などという難しい言葉は使うべきではないとされた。

そうした区別は時とともに過去のものになり、いまや男女は同じ言葉で話し、同じ語尾を使う。この先はますますその傾向が強くなり、小説などの書き手は、いちいち誰がしゃべったか説明が必要になるだろう。しかし逆に外国人にとっては日本語を習うことはやさしくなるだろう。日本語は男女で言葉づかいが分かれているという点では非常に特殊な言語で、英語などにはその区別はないからだ。

もう一つの傾向として、発音の面から考えると、子音が増えそうだ。いまでも「ファックス」「ウオーター」などの外来語の流入で「Ｆａ」「Ｗｏ」といった「アイウエオ」の五〇音にはない子音が普通に発音されるようになっている。しかしこれは従来の日本語になかった子音、というわけではない。平安時代の発音を辿《たど》ってみると、いまの「ハヒフヘホ」は「パピプペポ」と発音していた。「光る」「ヒヨコ」は「ピカル」「ピヨコ」と言っていた。私の名前は「パルピコ」で、なにやらイタリア人のような名前になる。それがもう少し後になると「ファフィフフェフォ」と発音するようになった。Ｆの子音を発音していたのである。いまでも新潟県の柏崎《かしわざき》あたりではそれが残っていて、「煙草のフィを貸してくれ」という人がいる。それがいつの間にか「ハヒフヘホ」に変わってしまった。だから外来語の輸入で、昔の子音が再び復活したと言ってもいい。おそらく今後はもっと増えていくに違いない。しかしＬとＲの区別などは日本人にとって困難で、これがちゃんとできるようになったらたいしたものである。

言葉というものは流れる水のように常に変わっていく、というのが私の持論でもあるが、二一世紀には流れの勢いはますます速くなっていくだろう。それを見届けることができないのは大変残念である。

地方の言葉の未来

いよいよ二一世紀がスタート。新しい世紀に言葉はどんなふうに変わっていくか、前項でも予想したが、みなさんが一番誤解しているのは、地方より都会の方が言葉の変化は激しいと思っていることだ。地方というのは刺激もなく保守的な人々が多いから、変わりようもない。だが都会では新しいものが流れ込み生活の変化も多いから、言葉も刻々と変わっていくと考えていないだろうか。

しかし実際は地方の言葉の方が変化しやすいのである。古い言い回しはむしろ都会の方に残っていることが多い。鹿児島県のある地方では、農作業から帰ってきた息子に母親は「ぺっ」と言う。息子は食卓に向かい「ぷっ」と言う。これは母親が息子にご飯の支度がしてあるから「食え」と言ったのに対し、息子は「食う」と言った。それが省略されて、この二語だけで会話が成り立つのである。長崎県の五島《ごとう》列島に行くと、「ミンのミンにミンがいった」と言う。これは「右の耳に水が入った」という意味で、すべてミンで片づいてしまう。また東北のある地方では、道行く人が友人に会うと「ドサッ」と聞く。友人は「ユサッ」と答える。これは「どこへ行くんだ？」という問いかけに対して「湯に行く」と答えたもので、「ドサユサ問答」として有名な話である。

どうしてこういう現象がおきるのだろうか。一つの原因としては、地方の狭い集落では言葉を省略しても十分通用するからだ。知っている人同士なら、右と言っているのか水と言っているのか察しがつく。また気心の知れた親子なら、「ぷっ」と「ぺっ」でも会話が成り立つのだ。言葉というものは、簡単に済めばますます簡単な方向に変化するという法則がある。地方ではこの傾向が強いということが言える。

逆に省略されないで増えてしまう言葉もある。地方にアクセントの調査に行って「葉が茂る」と「歯が痛い」を言い分けてもらおうとすると、これがスムーズにはいかない。「葉とは言わねえな、ハッパと言うんでないか」などとケチをつけてくる。「は」という一語の言葉は発音しづらいらしい。「目」は「まなこ」に、「子」は「子供」に言い回しを変えてしまう。

これは言葉にそれほど大きな関心がないからだろう。われわれは「葉が茂る」と言うときは「が」の部分を高く発音し、「歯が痛い」のときは「歯」を高く発音する。そうやって一語の言葉を使い分けるが、地方の人たちにとっては、そんなことより、お米の作柄やどんな魚が捕れるかの方が重大事だ。いちいち後にくる助詞のアクセントを言い分けるより、「ハッパ」と言った方が単純でわかりやすい。

都会では、こんな言い方をしたら相手に失礼になるとか、挨拶の仕方などを非常に大事にする。きちんとした言葉づかいができることが都会人の必須《ひっす》条件でもある。言葉に対してそれだけ大きな関心があるということになるだろう。また、さまざまな人が集まる都会では共通語で話さなくては通じない。そんなことも、いつまでも言葉が変わらない原因になっていると思う。しかしマスコミの発達で、都会と地方の差はどんどん縮まっていく。今後は、地方でも言葉が変化しにくいということになるかもしれない。

ト音記号の秘密

声楽家の藤山一郎《ふじやまいちろう》さんが亡くなってから大分たってしまった。藤山さんは私より二歳年長で、若いころ、一緒に作曲家本居長世《もとおりながよ》さんのお宅に通っていたことがある。もちろん藤山さんはそのころから将来を期待された優等生、私はなんでこんな貧乏学生が来ているのかと不審がられるビリ等生であった。が、縁というのは不思議なもので、そういう優等生と劣等生とが意気投合し、仲良くつきあっていただいたものだった。

藤山さんは私に手紙をくれるとき、封筒の封じ目には、「〆」とも「封」とも書かず、音楽でいうト音記号を書いていた。ト音記号は見た目にも美しいし、たくさんの曲線が紙の封じ目を横切り、音楽家として使うのには非常にふさわしくてセンスがあるなあと感心したものだった。

ところが私は藤山さんの晩年になって、この記号にもっと深い意味があることに気づいたのである。ト音記号は戦前、「ト字記号」と言った。ハニホヘトのトの音を表す記号という意味である。藤山さんは「閉じる記号」という洒落を考えてこの記号を使っていたのである。

私は思わず膝をたたく思いで、そのことを手紙で書いて送った。すると藤山さんのお返事にはこう書いてあった。

「ぼくは君に出す手紙には三〇年も前からあの記号を使っているんだぜ。それをいまごろ気がつくとは、君とぼくの頭の差が三〇年ということを示すんじゃないかね」と。

藤山さんのちょっと皮肉っぽい笑顔が浮かぶようだった。

（第三章は、初出「エルネオス」誌、「NHK手話ニュース」ほかに加筆修正し掲載）

本書は、二〇〇一年四月、小社から刊行された新書（角川ｏｎｅテーマ21）『ホンモノの日本語を話していますか？』を改題し、文庫化したものです。